2022

全国专利代理师资格考试用书

>> **全国专利代理师资格考试**

相关法律知识
核心考点速记

李慧杰　杨倩　编著

U0359849

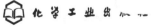

化学工业出版社

· 北京 ·

内 容 简 介

本书内容为全国专利代理师资格考试相关法律知识科目的关键考点，包括《民法典（总则编）》、《民法典（合同编）》、《民事诉讼法》、《行政复议法》、《行政诉讼法》、《著作权法》、《商标法》、《反不正当竞争法》、《植物新品种保护条例》、《集成电路布图设计保护条例》、《保护工业产权巴黎公约》和《与贸易有关的知识产权协定》，共十二章内容。

大量的知识点通过表格的方式呈现给读者，并采用小开本编排，方便携带，以便读者利用碎片时间，随时随地回顾核心考点。

本书适合参加全国专利代理师资格考试的考生阅读。

图书在版编目（CIP）数据

全国专利代理师资格考试相关法律知识核心考点速记/李慧杰，杨倩编著. —北京：化学工业出版社，2022.5
ISBN 978-7-122-41107-5

Ⅰ.①全… Ⅱ.①李… ②杨… Ⅲ.①专利-代理（法律）-中国-资格考试-自学参考资料 Ⅳ.①D923.42

中国版本图书馆 CIP 数据核字（2022）第 058480 号

责任编辑：宋 辉　　　　　责任校对：田睿涵　　　　　装帧设计：关 飞

出版发行：化学工业出版社（北京市东城区青年湖南街 13 号　邮政编码 100011）
印　　装：大厂聚鑫印刷有限责任公司
880mm×1230mm　1/64　印张 4　字数 189 千字　2022 年 7 月北京第 1 版第 1 次印刷

购书咨询：010-64518888　　　　　　　　　售后服务：010-64518899
网　　址：http://www.cip.com.cn
凡购买本书，如有缺损质量问题，本社销售中心负责调换。

定　　价：19.00 元　　　　　　　　　　　版权所有　违者必究

前言

    全国专利代理师资格考试是国家知识产权局举办的从事专利代理行业的职业资格考试。

    为了帮助读者更高效地掌握核心知识点，根据考试大纲和经过对过去十多年考试题目中涉及的知识点的梳理和深入分析，本书采用精练的语言总结了相关法律科目的高频考点，包括重点、难点知识，通过表格的方式呈现给读者，每个考点用星号的数量标明考查频度。

    本书采用掌中宝大小编排，方便携带，以便读者利用碎片时间，随时随地刷新、回顾核心考点。

    本书由广西农业职业技术大学李慧杰等编著，由于时间仓促和水平有限，疏漏之处在所难免，敬请读者指正！联系邮箱：2409093243@qq.com。

李慧杰

目录

第一章 《民法典（总则编）》

第一节 一般规定

>> 核心考点 01：民法调整的范围（考查频度：★★★）

项目	注释
法律规定	民法调整的是平等民事主体之间的人身关系和财产关系。 在主体上，受民法调整的主体为自然人、法人和非法人组织，即民事主体。 平等主体之间的民事法律关系可以约定；非平等主体之间，为管理与被管理的关系，只能依照法律规定，不得约定。
法律适用	处理民事纠纷，有法可依则依律；无法可依则可依习惯，但不得违背公序良俗。 特别法优先于一般法。

>> 核心考点 02:民法的基本原则 (考查频度:★)

项目	注释
平等原则	任何自然人、法人及非法人组织在民事法律关系中的权利、义务都是平等的。
自愿原则	民事主体从事民事活动,按照自己的意思设立、变更和终止民事法律关系。
公平原则	民事主体从事民事活动,合理确定各方的权利和义务。
诚信原则	(1)含义:①诚实守信;②与人为善。 (2)在缔约时,诚实并不欺不诈;在缔约后,守信用并自觉履行。
守法与公序良俗原则	公序良俗,即公共秩序、善良风俗。 民事主体从事民事活动,不得违反法律,不得违背公序良俗。
绿色原则	民事主体从事民事活动,应当有利于节约资源、保护生态环境。

第二节　民事主体与民事权利

>> **核心考点 03:民事主体——自然人**（考查频度：★★★★★）

项目	注释
自然人的住所	(1)自然人以登记的居所为住所。 (2)经常居所与住所不一致的,经常居所视为住所(连续居住一年以上)。
民事权利能力	(1)自然人的民事权利能力,自然人从出生时起,到死亡时止。 (2)涉及胎儿利益:"遗腹子",胎儿视为具有民事权利能力,其遗产继承、接受赠与等胎儿利益受到保护,但是胎儿出生时为死体的,其民事权利能力自始不存在。
民事行为能力	民事行为能力的判断标准:年龄标准;智力、精神健康状况标准。 (1)二者居其一即为无民事行为能力人:①不满八周岁的未成年人;②不能辨认自己行为的成年人。

第一章

项目	注释
民事行为能力	（2）二者居其一即为限制民事行为能力人：①八周岁以上的未成年人；②不能完全辨认自己行为的成年人。 （3）二者同时具备才是完全民事行为能力人：①年满十八周岁的自然人；②能够完全辨认自己行为的人。 （4）视为完全民事行为能力人：十六周岁以上的未成年人，以自己的劳动收入为主要生活来源。
监护	（1）监护人的确定：①未成年人的监护：未成年人的父、母→祖父母、外祖父母→兄、姐→爱心监护，即经居委会、村委会或民政部门同意的其他愿意担任监护人的个人或者组织。②成年人的监护：配偶→父母、子女→其他近亲属→爱心监护，即经居委会、村委会或民政部门同意的其他愿意担任监护人的个人或者组织。 （2）监护的类型：①法定监护。②遗嘱指定监护。③协议监护。④指定监护。⑤协商监护。⑥机关监护。 （3）监护人的职责：补足被监护人的民事行为能力，维护被监护人利益。

项目	注释
监护	(4)监护资格的撤销:实施了严重侵害被监护人合法权益的行为。 (5)监护关系终止的情形:①被监护人取得或者恢复完全民事行为能力;②监护人丧失监护能力;③被监护人或者监护人死亡;④法院认定监护关系终止的其他情形。
宣告失踪	(1)时间条件:自然人下落不明满二年。 (2)宣告失踪:依照利害关系人的申请。 (3)失踪宣告机关:法院。 (4)财产代管:失踪人所欠税款、债务和应付的其他费用,由财产代管人从失踪人的财产中支付。
宣告死亡	(1)时间条件:①下落不明满四年;②因意外事件,下落不明满二年。③因意外事件下落不明,经有关机关证明该自然人不可能生存的,宣告死亡不受二年时间的限制。 (2)宣告死亡:依照利害关系人的申请。对同一符合宣告死亡条件的自然人,有的利害关系人主张申请宣告死亡,有的主张申请宣告失踪的,法院应当宣告死亡。

第一章

项目	注释
宣告死亡	可以向法院申请宣告该自然人死亡。 (3)死亡宣告机关:法院。 (4)死亡日期的确定:①法院宣告死亡的判决作出之日视为其死亡的日期。②因意外事件下落不明宣告死亡的,意外事件发生之日视为其死亡的日期。 (5)死亡宣告的撤销:被宣告死亡的人重新出现,经本人或利害关系人申请→由法院撤销死亡宣告。 (6)死亡宣告撤销的后果:①婚姻关系:自撤销死亡宣告之日起自行恢复,但其配偶再婚或者向婚姻登记机关声明不愿意恢复的除外。②被继承的财产:被撤销死亡宣告的人有权请求依法继承的财产的民事主体返还财产;无法返还的,应当给予适当补偿。利害关系人恶意宣告自然人死亡而取得其财产的,应当返还财产,且赔偿损失。③子女被收养:子女被依法收养的,不得以未经本人同意为由主张收养关系无效。

>> 核心考点 04：民事主体——法人（考查频度：★★★★★）

项目	注释
法人的含义	（1）法人是享有民事权利能力和民事行为能力，能以自己名义享有民事权利和负担民事义务的团体。 （2）法人的民事权利能力和民事行为能力成立时产生，终止时消灭。 （3）法人以其全部财产独立承担民事责任。 （4）法人以其主要办事机构所在地为住所。
法人的成立	（1）法人应当依法设立。 （2）法人应当有自己的名称、组织机构、住所、财产或者经费。 （3）法人成立的具体条件和程序，依照法律、行政法规的规定；须经有关机关批准的，依照其规定。
法定代表人	（1）依照法律或者法人章程的规定，代表法人从事民事活动的负责人。 （2）法人内部对法定代表人代表权的限制，不得对抗善意相对人。 （3）法定代表人因执行职务造成他人损害的，由法人承担民事责任。 （4）法人承担民事责任后，可向有过错的法定代表人追偿。

第一章

项目	注释
合并与分立	(1)法人合并,是指其权利和义务由合并后的法人享有和承担。 (2)法人分立,是指其权利和义务由分立后的法人享有连带债权,承担连带债务,有约定的除外。
设立中公司	(1)法人成立的,设立人为设立法人从事的民事活动,其法律后果由法人承受。 (2)法人未成立的,其法律后果由设立人承受;设立人为二人以上的,享有连带债权,承担连带债务。 (3)第三人的选择权:设立人为设立法人以自己的名义从事民事活动产生的民事责任,第三人有权选择请求法人或者设立人承担。
营利法人	(1)营利法人是指以取得利润并分配给股东等出资人为目的成立的法人。 (2)营利法人的类型包括有限责任公司、股份有限公司及其他企业法人等。

项目	注释
非营利法人	（1）非营利法人是不向出资人、设立人或者会员分配所取得利润的法人。 （2）非营利法人类型包括：事业单位、社会团体、基金会、社会服务机构等。 （3）非营利法人剩余财产分配：为公益目的成立的非营利法人终止时，不得向出资人、设立人或会员分配剩余财产。
特别法人	特别法人依法取得法人资格，包括：机关法人、农村集体经济组织法人、城镇农村的合作经济组织法人、基层群众性自治组织法人。

≫≫ 核心考点 05：民事权利（考查频度：★★★★★）

项目	注释
人身权	人身权是与其人身不可分离而无直接财产内容的民事权利。 （1）自然人享有生命权、身体权、健康权、姓名权、肖像权、名誉权、荣誉权、隐私权、婚姻自主权等权利。 （2）法人、非法人组织享有名称权、名誉权、荣誉权等权利。

项目	注释
信息权	任何组织和个人①获取他人的个人信息要依法并且要确保安全；②不得非法收集、使用、加工、传输他人个人信息；③不得非法买卖、提供或者公开他人个人信息。
财产权	(1)民事主体享有依法对自己的财产享有占有、使用、收益和处分的权利。 (2)按份共有，是指两个以上的人对同一项不动产或者动产按照其份额享有所有权。按份共有人有权处分其份额，其他共有人具有优先权。 (3)共同共有，是不确定份额的共有，在共同共有关系存在期间，共有人不能划分自己对财产的份额；只有在共同共有关系消灭，对共有财产进行分割时，才能确定各个共有人应得的份额。
物权	(1)物包括不动产和动产。 (2)国家征收、征用不动产或者动产的，应当给予公平、合理的补偿。

项目	注释
债权	民事主体依法享有债权。 (1)合同之债:是指因订立合同而产生的债权债务关系。 (2)侵权之债:侵权行为发生后,加害人负有赔偿受害人损失等义务,受害人享有请求加害人赔偿损失等权利。 (3)不当得利:因他人没有法律根据,取得不当利益,受损失的人有权请求其返还不当利益。 (4)无因管理:没有法定的或者约定的义务,为避免他人利益受损失而进行管理的人,有权请求受益人偿还由此支出的必要费用。
知识产权	知识产权客体作品、发明、实用新型、外观设计专利权、商标、地理标志、商业秘密、集成电路布图设计、植物新品种以及法律规定的其他客体。

项目	注释
其他权利	(1)股权:民事主体依法享有股权和其他投资性权利。 (2)虚拟财产权:法律对数据、网络虚拟财产的保护有规定的,依照其规定。 (3)未成年人、老年人、残疾人、妇女、消费者等依照法律规定享有的民事权利。
民事权利的取得	民事权利可以依据①民事法律行为、②事实行为、③法律规定的事件或者④法律规定的其他方式取得。
民事权利的行使	(1)民事主体按照自己的意愿依法行使民事权利,不受干涉。 (2)民事主体行使权利时,应当履行法律规定的和当事人约定的义务。 (3)民事主体不得滥用民事权利损害国家利益、社会公共利益或他人合法权益。

第三节　民事法律行为与代理

>> **核心考点 06**：民事法律行为 （考查频度： ★★★★★）

项目	注释
民事法律行为	（1）概念：民事法律行为是民事主体通过意思表示设立、变更、终止民事法律关系的行为。 （2）成立：民事法律行为可以基于双方或者多方的意思表示一致成立，也可以基于单方的意思表示成立。 （3）形式：民事法律行为可以采用书面形式、口头形式或者其他形式。法律、行政法规规定或者当事人约定采用特定形式的，应当采用特定形式。 （4）生效及效力：民事法律行为自成立时生效，但是法律另有规定或当事人另有约定的除外。行为人非依法律规定或未经对方同意，不得擅自变更或解除民事法律行为。

项目	注释
意思表示的生效	(1)以对话方式作出的意思表示,相对人知道其内容时生效。 (2)以非对话方式作出的意思表示,到达相对人时生效(通常有在途时间)。采用数据电文形式的意思表示,到达相对人指定的特定接收系统或者相对人知道或者应当知道该数据电文进入其系统时生效。 (3)无相对人的意思表示,表示完成时生效。例如抛弃自己的财物。 (4)以公告方式作出的意思表示,公告发布时生效。
有效的民事法律行为	(1)行为人具有相应的民事行为能力。 (2)意思表示真实。 (3)不违反法律、行政法规的强制性规定,不违背公序良俗。 限制民事行为能力人实施的纯获利益的民事法律行为或者与其年龄、智力、精神健康状况相适应的民事法律行为,有效,不需要其法定代表人承认或追认。

项目	注释
效力待定的民事法律行为	(1)限制民事行为能力人实施的纯获利益或与其年龄、智力、精神健康状况不相适应的民事法律行为,经其法定代理人同意或者追认后才有效。 (2)承认或追认之前,①相对人可以催告法定代理人自收到通知之日起1个月内予以追认;②法定代理人未作表示的,视为拒绝追认;③民事法律行为被追认前,善意相对人有撤销的权利。撤销应当以通知的方式作出。
无效的民事法律行为	(1)无民事行为能力人:无民事行为能力人,由其法定代理人代理实施民事法律行为,自己单独实施的民事法律行为无效。 (2)虚假意思表示:①行为人与相对人以虚假的意思表示实施的民事法律行为无效;②以虚假的意思表示隐藏的民事法律行为的效力,依照有关法律规定处理。 (3)违法背俗:①违反法律、行政法规的强制性规定的民事法律行为无效,但是该强制性规定不导致该民事法律行为无效的除外;②违背公序良俗的民事法律行为无效。

项目	注释
无效的民事法律行为	（4）恶意串通：行为人与相对人恶意串通，损害他人合法权益的民事法律行为无效。
可撤销的民事法律行为	（1）重大误解：基于重大误解实施的民事法律行为，行为人有权请求法院或仲裁机构予以撤销。 （2）一方欺诈：一方以欺诈手段，使对方在违背真实意思的情况下实施的民事法律行为，受欺诈方有权请求法院或者仲裁机构予以撤销。 （3）伙同第三人共同欺诈：一方知道或者应当知道第三人实施的是欺诈行为，使对方在违背真实意思的情况下实施的民事法律行为，受欺诈方有权请求法院或仲裁机构予以撤销。 （4）胁迫：一方或者第三人以胁迫手段，使对方在违背真实意思的情况下实施的民事法律行为，受胁迫方有权请求法院或者仲裁机构予以撤销。 （5）显失公平：一方利用对方处于危困状态、缺乏判断能力等情形，

项目	注释
可撤销的民事法律行为	致使民事法律行为成立时显失公平的,受损害方有权请求法院或仲裁机构予以撤销。
除斥期间	(1)一般可撤销的民事法律行为的当事人行使撤销权的除斥期间为自知道或者应当知道撤销事由之日起 1 年内;重大误解的除斥期间为自当事人知道或者应当知道撤销事由之日起 3 个月内,在此期间没有行使撤销权的,撤销权消灭。 (2)当事人受胁迫的,除斥期间是自胁迫行为终止之日起 1 年时间。 (3)当事人自民事法律行为发生之日起 5 年内没有行使撤销权的,撤销权消灭。 (4)当事人知道撤销事由后明确表示或者以自己的行为表明放弃的,撤销权消灭。
无效或被撤销的效力	(1)无效的或者被撤销的民事法律行为自始没有法律约束力。 (2)民事法律行为部分无效,不影响其他部分效力的,其他部分仍然有效。

第一章

项目	注释
无效或被撤销的效力	（3）民事法律行为无效、被撤销或者确定不发生效力后，行为人取得的财产应当予以返还；不能返还或者没有必要返还的，应当折价补偿。
附条件民事法律行为	（1）民事法律行为可以附条件，但是按照其性质不得附条件的除外。 （2）附生效条件的民事法律行为，自条件成就时生效。 （3）附解除条件的民事法律行为，自条件成就时失效。 （4）附条件的民事法律行为，当事人为自己的利益不正当地阻止条件成就的，视为条件已成就；不正当地促成条件成就的，视为条件不成就。
附期限民事法律行为	（1）民事法律行为可以附期限，但是按照其性质不得附期限的除外。 （2）附生效期限的民事法律行为，自期限届至时生效。 （3）附终止期限的民事法律行为，自期限届满时失效。

>> 核心考点 07:代理 (考查频度: ★★★★★)

项目	注释
一般规定	(1)应当由本人亲自实施的民事法律行为,不得代理。 (2)代理人在代理权限内实施的民事法律行为,对被代理人发生效力。 (3)代理人不当履行职责,造成被代理人损害的,应当承担民事责任。 (4)代理人和相对人恶意串通,损害被代理人合法权益的,代理人和相对人应当承担连带责任。
分类	(1)委托代理:委托代理的代理权产生自被代理人的授权行为。 (2)法定代理:法定代理人依照法律的规定行使代理权。
委托代理类型	(1)明知违法的代理:①代理人知道或者应当知道代理事项违法仍然实施代理行为;②被代理人知道或者应当知道代理人的代理行为违法未作反对表示的,被代理人和代理人应当承担连带责任。 (2)自我代理:代理人不得①以被代理人的名义与自己或者②与自己同时代理的其他人实施民事法律行为,但是被代理人同意或者追认的除外。

项目	注释
委托代理类型	(3)职务代理:①执行法人或者非法人组织工作任务的人员,以法人或者非法人组织的名义实施的职权范围内的民事法律行为,对法人或者非法人组织发生效力;②法人或非法人组织对执行其工作任务的人员职权范围的限制,不得对抗善意相对人。 (4)狭义无权代理:①行为人没有代理权、超越代理权或者代理权终止后,仍然实施代理行为,未经被代理人追认的,对被代理人不发生效力。②相对人可以催告被代理人自收到通知之日起1个月内予以追认。被代理人未作表示的,视为拒绝追认。③行为人实施的行为被追认前,善意相对人有撤销的权利。撤销应当以通知的方式作出。④行为人实施的行为未被追认的,善意相对人有权请求行为人履行债务或者就其受到的损害请求行为人赔偿。但是,赔偿的范围不得超过被代理人追认时相对人所能获得的利益。⑤相对人知道或者应当知道行为人无权代理的,相对人和行为人按照各自的过错承担责任。

项目	注释
委托代理类型	(5)表见代理:行为人没有代理权、超越代理权或者代理权终止后,仍然实施代理行为,相对人有理由相信行为人有代理权的,代理行为有效。
转委托	代理人需要转委托第三人代理的,应当取得被代理人的同意或者追认。 (1)转委托代理经被代理人同意或追认的,被代理人可以就代理事务直接指示转委托的第三人,代理人仅就第三人的选任以及对第三人的指示承担责任。 (2)转委托代理未经被代理人同意或追认的,代理人应当对转委托的第三人的行为承担责任,但是在紧急情况下代理人为了维护被代理人的利益需要转委托第三人代理的除外。
代理终止	(1)法定代理的终止:①被代理人取得或者恢复完全民事行为能力的;②代理人丧失民事行为能力的;③代理人或者被代理人死亡的。

项目	注释
代理终止	(2)委托代理的终止:①代理期间届满或者代理事务完成的;②被代理人取消委托或者代理人辞去委托的;③代理人丧失民事行为能力的;④代理人或者被代理人死亡的;⑤作为代理人或者被代理人的法人、非法人组织终止的。 (3)被代理人死亡后的有效代理:①代理人不知道并且不应当知道被代理人死亡的;②被代理人的继承人予以承认的;③授权中明确代理权在代理事务完成时终止的;④被代理人死亡前已经实施,为了被代理人的继承人的利益继续代理的。

第四节 民事责任与诉讼时效

>> **核心考点 08:民事责任** (考查频度:★★★★★)

项目	注释
民事责任的承担方式	民事主体依照法律规定和当事人约定,履行民事义务,承担民事责任。

项目	注释
民事责任的承担方式	（1）承担民事责任的主要方式：①停止侵害；②排除妨碍；③消除危险；④返还财产；⑤恢复原状；⑥修理、重作、更换；⑦继续履行；⑧赔偿损失；⑨支付违约金；⑩消除影响、恢复名誉；⑪赔礼道歉。 （2）民事责任的适用方式：①法律规定惩罚性赔偿的，依照其规定；②承担民事责任的方式，可以单独适用，也可以合并适用。
民事责任的产生	（1）合同责任：合同责任是指违反合同义务产生的责任。 （2）侵权责任：侵权责任是指因侵犯他人的财产权与人身权产生的责任。 （3）其他责任：合同责任与侵权责任之外的其他民事责任，如不履行不当得利之债、无因管理之债等产生的民事责任。 （4）责任竞合：因当事人一方的违约行为，损害对方人身权益、财产权益的，受损害方有权选择请求其承担违约责任或者侵权责任，只能择其一。

项目	注释
民事责任的产生	(5)多重责任:民事主体因同一行为应当承担民事责任、行政责任和刑事责任的,承担行政责任或者刑事责任不影响承担民事责任;民事主体的财产不足以支付的,优先用于承担民事责任。
共同侵权	(1)按份责任:二人以上依法承担按份责任,能够确定责任大小的,各自承担相应的责任;难以确定责任大小的,平均承担责任。 (2)连带责任:①二人以上依法承担连带责任的,权利人有权请求部分或者全部连带责任人承担责任;②受害方有权选择任一人承担全部责任。
侵害英烈	侵害英雄烈士等的姓名、肖像、名誉、荣誉,损害社会公共利益的,应当承担民事责任。
减轻或免除民事责任	(1)不可抗力:因不可抗力不能履行民事义务的,不承担民事责任。

项目	注释
减轻或 免除民事 责任	（2）正当防卫：①因正当防卫造成损害的，不承担民事责任。②防卫过当的，正当防卫人应当承担适当的民事责任。 （3）紧急避险：①因紧急避险造成损害的，由引起险情发生的人承担民事责任。②危险由自然原因引起的，紧急避险人不承担民事责任，可以给予适当补偿。③紧急避险过当，紧急避险人应当承担适当的民事责任。 （4）无因管理：①因保护他人民事权益使自己受到损害的，由侵权人承担民事责任，受益人可以给予适当补偿。②没有侵权人、侵权人逃逸或无力承担民事责任，受害人请求补偿的，受益人应当给予适当补偿。 （5）见义勇为：因自愿实施紧急救助行为造成受助人损害的，救助人不承担民事责任。

>> **核心考点 09**：诉讼时效（考查频度：★★★★）

项目	注释
诉讼时效期间	（1）一般诉讼时效期间：①向法院请求保护民事权利的诉讼时效期间为 3 年。②法律另有规定的，依照其规定。③因国际货物买卖合同和技术进出口合同争议提起诉讼或者申请仲裁的时效期间为 4 年。④自权利受到损害之日起超过 20 年的，法院不予保护；有特殊情况的，法院可以根据权利人的申请决定延长。 （2）期间的起算点：①诉讼时效期间自权利人知道或者应当知道权利受到损害以及义务人之日起计算；法律另有规定的，依照其规定。②分期履行债务的，诉讼时效期间自最后一期履行期限届满之日起计算。③无民事行为能力人或限制民事行为能力人对其法定代理人的请求权的诉讼时效期间，自该法定代理终止之日起计算。④未成年人遭受性侵害的损害赔偿请求权的诉讼时效期间，自受害人年满 18 周岁之日起计算。

项目	注释
诉讼时效期间	（3）期间届满：①诉讼时效期间届满的，义务人可以提出不履行义务的抗辩。②诉讼时效期间届满后，义务人同意履行的，不得以诉讼时效期间届满为由抗辩；义务人已自愿履行的，不得请求返还。③法院不得主动适用诉讼时效的规定。
诉讼时效的中止	（1）含义：诉讼时效中止，是指在诉讼时效期间的最后 6 个月内，因法定事由而使权利人不能行使请求权的，诉讼时效中止。自中止的原因消除之日起满 6 个月，诉讼时效期间届满。 （2）发生中止的法定事由：①不可抗力。②无民事行为能力人或者限制民事行为能力人没有法定代理人，或法定代理人死亡、丧失民事行为能力、丧失代理权。③继承开始后未确定继承人或者遗产管理人。④权利人被义务人或者其他人控制。
诉讼时效的中断	（1）含义：诉讼时效中断，是法定事由导致诉讼时效期间，从中断、有关程序终结时起重新计算的情形。

项目	注释
诉讼时效的中断	(2)发生时效中断的法定事由：①权利人向义务人提出履行请求。②义务人同意履行义务。③权利人提起诉讼或者申请仲裁。④与提起诉讼或者申请仲裁具有同等效力的其他情形,例如申请诉前禁令。
不适用诉讼时效的请求权	(1)请求停止侵害、排除妨碍、消除危险。 (2)不动产物权和登记的动产物权的权利人请求返还财产。 (3)请求支付抚养费、赡养费或者扶养费。 (4)依法不适用诉讼时效的其他请求权,如支付存款本金及利息请求权。 (5)除斥期间不适用诉讼时效。
约定无效原则	诉讼时效的期间、计算方法以及中止、中断的事由由法律规定,当事人约定无效。当事人对诉讼时效利益的预先放弃无效。
期间的计算	(1)民法所称的期间按照公历年、月、日、小时计算。 (2)按照年、月、日计算期间的,开始的当日不计入,自下一日开始计算。

项目	注释
期间的计算	（3）按照小时计算期间的,自法律规定或者当事人约定的时间开始计算。 （4）按照年、月计算期间的,到期月的对应日为期间的最后一日;没有对应日的,月末日为期间的最后一日。 （5）期间的最后一日是法定休假日的,以法定休假日结束的次日为期间的最后一日。 （6）期间的最后一日的截止时间为24时;有业务时间的,停止业务活动的时间为截止时间。

第二章 《民法典（合同编）》

第一节　一般规定

▶▶ 核心考点 **10**：一般规定（考查频度：★★★）

项目	注释
适用范围	(1)《民法典》之合同编调整因合同产生的民事关系。 (2)合同是民事主体之间设立、变更、终止民事法律关系的协议。 (3)婚姻、收养、监护等有关身份关系的协议，适用有关该身份关系的法律规定。
依法成立的合同效力	(1)依法成立的合同，受法律保护。 (2)依法成立的合同，仅对当事人具有法律约束力，但是法律另有规定的除外。

第二节　合同的订立与效力

>> 核心考点 11：合同的订立（考查频度：★★★★★）

项目	注释
合同形式	（1）当事人订立合同，可以采用书面形式、口头形式或者其他形式。 （2）书面形式是合同书、信件、电报、电传、传真等可以有形地表现所载内容的形式。 （3）以电子数据交换、电子邮件等方式，视为书面形式。
要约	（1）要约邀请：拍卖公告、招标公告、招股说明书、债券募集办法、基金招募说明书、商业广告和宣传、寄送的价目表等为要约邀请。 （2）要约的构成要件：①内容具体确定；②表明经受要约人承诺，要约人即受该意思表示约束。 （3）要约的撤回：撤回要约意思表示的通知应当在意思表示到达相对人前或者同时到达相对人。

项目	注释
要约	(4)要约的撤销:撤销要约的意思表示,应当在受要约人作出承诺之前到达受要约人。不可撤销的情形:①要约人以确定承诺期限或者其他形式明示要约不可撤销;②受要约人有理由认为要约是不可撤销的,并已经为履行合同做了合理准备工作。 (5)要约失效的情形:①要约被拒绝。②要约被依法撤销。③承诺期限届满,受要约人未作出承诺。④受要约人对要约的内容作出实质性变更。
承诺	(1)承诺的方式:承诺应当以通知的方式作出;但是,根据交易习惯或者要约表明可以通过行为作出承诺的除外。 (2)承诺的撤回:撤回承诺意思表示的通知应当在意思表示到达相对人前或者与意思表示同时到达相对人。
新要约	(1)超期作出或超期到达:受要约人超过承诺期限发出承诺,或者在承诺期限内发出承诺,按照通常情形不能及时到达要约人的,为新要约;但是,要约人及时通知受要约人该承诺有效的除外。 (2)实质性变更:受要约人对要约的内容作出实质性变更的,为新要约。

第二章

项目	注释
合同成立的时间	（1）承诺生效时合同成立，但是法律另有规定或者当事人另有约定的除外。 （2）当事人采用合同书形式订立合同的，自当事人均签名、盖章或者按指印时合同成立。 （3）当事人采用信件、数据电文等形式订立合同要求签订确认书的，签订确认书时合同成立。 （4）在签名、盖章或者按指印之前，当事人一方已经履行主要义务，对方接受时，该合同成立。 （5）法律、行政法规规定或者当事人约定合同应当采用书面形式订立，当事人未采用书面形式但是一方已经履行主要义务，对方接受时，该合同成立。 （6）当事人一方通过互联网等信息网络发布的商品或者服务信息符合要约条件的，对方选择该商品或者服务并提交订单成功时合同成立，但是当事人另有约定的除外。

项目	注释
合同成立的地点	(1)承诺生效的地点为合同成立的地点。 (2)采用数据电文形式订立合同的,收件人的主营业地为合同成立的地点;没有主营业地的,其住所地为合同成立的地点;当事人约定优先。 (3)当事人采用合同书形式订立合同的,最后签名、盖章或者按指印的地点为合同成立的地点,但是当事人另有约定的除外。
格式条款	(1)概念:格式条款是当事人为了重复使用而预先拟定,并在订立合同时未与对方协商的条款。 (2)格式条款无效的情形:①合同属于无效合同,其中的格式条款也无效。②提供格式条款一方不合理地免除或者减轻其责任、加重对方责任、限制对方主要权利的。③提供格式条款一方排除对方主要权利的。 (3)格式条款的解释:①对格式条款有两种以上解释的,应当作出不利于提供格式条款一方的解释。②格式条款和非格式条款不一致的,应当采用非格式条款。

项目	注释
预约合同	当事人约定在将来一定期限内订立合同的认购书、订购书、预订书等,构成预约合同。当事人一方不履行预约合同约定的订立合同义务的,对方可以请求其承担预约合同的违约责任。
悬赏广告	悬赏人以公开方式声明对完成特定行为的人支付报酬的,完成该行为的人可以请求其支付。
缔约过失责任	当事人在订立合同过程中有下列情形之一,造成对方损失的,应当承担赔偿责任:①假借订立合同,恶意进行磋商。②故意隐瞒与订立合同有关的重要事实或者提供虚假情况。③有其他违背诚信原则的行为。
保密责任	当事人在订立合同过程中知悉的商业秘密,无论合同成立与否,泄露或者不正当地使用该商业秘密给对方造成损失的,应当承担损害赔偿责任。

>> 核心考点 12:合同的效力（考查频度：★★★★★）

项目	注释
合同的生效	（1）依法成立的合同,自成立时生效,但是法律另有规定或者当事人另有约定的除外。 （2）应当办理申请批准等手续的当事人未履行义务的,对方可以请求其承担违反该义务的责任。
特殊情形	（1）无权代理合同:无权代理人以被代理人的名义订立合同,被代理人已经开始履行合同义务或者接受相对人履行的,视为对合同的追认。 （2）职务代表合同:法人的法定代表人或者非法人组织的负责人超越权限订立的合同,除相对人知道或者应当知道其超越权限外,该代表行为有效,订立的合同对法人或者非法人组织发生效力。 （3）超越经营范围合同:当事人超越经营范围订立的合同的效力,不得仅以超越经营范围确认合同无效。 （4）无效免责条款:合同中的下列免责条款无效:①造成对方人身损害的。②因故意或者重大过失造成对方财产损失的。

项目	注释
特殊情形	(5)争议解决条款的独立性:合同不生效、无效、被撤销或者终止的,不影响合同中有关解决争议方法的条款的效力。

▄▄▄▄ 第三节　合同执行 ▄▄▄▄

⋙ 核心考点 13:合同的履行（考查频度：★★★★★）

项目	注释
合同约定不明的处理	(1)质量要求不明确的,按照相关标准履行,高级别标准优先适用。 (2)价款或者报酬不明确的,按照订立合同时履行地的市场价格履行;依法应当执行政府定价或者政府指导价的,依照规定履行。 (3)履行地点不明确,给付货币的,在接受货币一方所在地履行;交付不动产的,在不动产所在地履行;其他标的,在履行义务一方所在地履行。

项目	注释
合同约定不明的处理	(4)履行期限不明确的,债务人可以随时履行,债权人也可以随时请求履行,但是应当给对方必要的准备时间。 (5)支付金钱之债,没有另外规定或约定的,按照实际履行地的法定货币履行。
电子合同的交付	(1)通过互联网等信息网络订立的电子合同的标的物的交付,以明确确定收货人收到时间为交付时间。 (2)电子合同当事人对交付商品或提供服务的方式、时间另有约定的,按照其约定。
按份之债合同的履行	(1)债权人为二人以上,标的可分,按照份额各自享有债权的,为按份债权。 (2)债务人为二人以上,标的可分,按照份额各自负担债务的,为按份债务。 (3)按份债权人或者按份债务人的份额难以确定的,视为份额相同。

项目	注释
连带之债合同的履行	(1)连带债务,对外,债权人有权要求任一债务人承担全部债务;对内,债务人之间按照约定追偿自己对外多承担的债务份额。 (2)连带债权,对外,部分债权人有权要求债务人承担全部债务;对内,领受债权人按照约定份额返还给其他债权人。 (3)连带债务部分履行、被免除、抵销或者提存的,利益及与全部债务人。
代履行	代履行,合同双方并未发生变化,第三人履行不当的或没有按照约定向第三人履行的,承担违约责任的仍然为合同双方,与第三人无关。
同时履行抗辩权	(1)当事人互负债务,没有先后履行顺序的,应当同时履行。 (2)一方在对方履行之前有权拒绝其履行请求。 (3)一方在对方履行债务不符合约定时,有权拒绝其相应的履行请求。

项目	注释
先履行抗辩权	（1）当事人互负债务，有先后履行顺序，应当先履行债务一方未履行的，后履行一方有权拒绝其履行请求。 （2）先履行一方履行债务不符合约定的，后履行一方有权拒绝其相应的履行请求。
不安履行抗辩权	（1）应当先履行债务的当事人，有确切证据证明对方有下列情形之一的，可以中止履行：①经营状况严重恶化；②转移财产、抽逃资金，以逃避债务；③丧失商业信誉；④有丧失或者可能丧失履行债务能力的其他情形。 （2）当事人没有确切证据中止履行的，应当承担违约责任。 （3）当事人中止履行的，应当及时通知对方；对方提供适当担保的，应当恢复履行。 （4）中止履行后，对方在合理期限内未恢复履行能力且未提供适当担保的，视为以自己的行为表明不履行主要债务，中止履行的一方可以解除合同并可以请求对方承担违约责任。

项目	注释
情势变更	(1)合同成立后,合同的基础条件发生了当事人在订立合同时无法预见的、不属于商业风险的重大变化,继续履行合同对于当事人一方明显不公平的,受不利影响的当事人可以与对方重新协商。 (2)在合理期限内协商不成的,当事人可以请求法院或者仲裁机构变更或者解除合同。

>> **核心考点 14**:合同的保全 (考查频度: ★★★)

项目	注释
代位权	(1)债务人怠于行使其债权或者与该债权有关的从权利,影响债权人的到期债权实现的,债权人可以向法院请求以自己的名义代位行使债务人对相对人的权利,但是该权利专属于债务人自身的除外。代位权的行使范围以债权人的到期债权为限。债权人行使代位权的必要费用,由债务人负担。

第二章

项目	注释
代位权	(2)债权人的债权到期前,债务人的债权或与该债权有关的从权利存在诉讼时效期间即将届满或未及时申报破产债权等情形,影响债权人的债权实现的,债权人可以代位向债务人的相对人请求其向债务人履行、向破产管理人申报或作出其他必要的行为。
撤销权	(1)债务人恶意处分财产或债权:债务人以放弃其债权、放弃债权担保、无偿转让财产等方式无偿处分财产权益,或者恶意延长其到期债权的履行期限,影响债权人的债权实现的,债权人可以请求法院撤销债务人的行为。 (2)不合理价格交易:债务人以明显不合理的低价转让财产、以明显不合理的高价受让他人财产或为他人的债务提供担保,影响债权人的债权实现,债务人的相对人知道或者应当知道该情形的,债权人可以请求法院撤销债务人的行为。

项目	注释
撤销权	(3)撤销权的行使限制:①撤销权的行使范围以债权人的债权为限。②债权人行使撤销权的必要费用,由债务人负担。 (4)除斥期间:①撤销权自债权人知道或者应当知道撤销事由之日起1年内行使。②自债务人的行为发生之日起5年内没有行使的,该撤销权消灭。 (5)撤销权行使效果:债务人影响债权人的债权实现的行为被撤销的,自始没有法律约束力。

>> 核心考点 15:合同的转让 （考查频度：★★★★）

项目	注释
概括转让	(1)当事人一方经对方同意,可以将自己在合同中的权利和义务一并转让给第三人。 (2)合同的权利和义务一并转让的,需经合同双方同意。

项目	注释
债权转让	（1）债权转让：①债权人需通知债务人，否则债权转让对债务人不发生效力。②债权转让的通知不得撤销，但是经受让人同意的除外。③因债权转让增加的履行费用，由让与人负担。④债权人转让债权的，受让人取得与债权有关的从权利，但是该从权利专属于债权人自身的除外。 （2）不得转让约定：当事人约定非金钱债权不得转让的，不得对抗善意第三人。当事人约定金钱债权不得转让的，不得对抗第三人。 （3）债务人抗辩权：债务人接到债权转让通知后，债务人对让与人的抗辩，可以向受让人主张。 （4）债务抵消：债务人可以向受让人主张抵销的情形：①债务人接到债权转让通知时，债务人对让与人享有债权，且债务人的债权先于转让的债权到期或者同时到期；②债务人的债权与转让的债权是基于同一合同产生。

项目	注释
债务转移	（1）债务转移：债务人将债务的全部或者部分转移给第三人的，应当经债权人同意。 （2）有抗辩权：债务人转移债务的，新债务人可以主张原债务人对债权人的抗辩。 （3）无抵消权：原债务人对债权人享有债权的，新债务人不得向债权人主张抵销。 （4）从债务一并转移：债务人转移债务的，新债务人应当承担与主债务有关的从债务，但是该从债务专属于原债务人自身的除外。

>> **核心考点 16：合同的终止**（考查频度：★★★★）

项目	注释
债权债务终止情形	（1）债权债务终止的情形：①债务已经履行；②债务相互抵销；③债务人依法将标的物提存；④债权人免除债务；⑤债权债务同归于一人；⑥其他情形。

项目	注释
债权债务终止情形	(2)合同解除的,该合同的权利义务关系终止。 (3)债权债务终止后,当事人应当遵循诚信等原则,完成合同附随义务。
抵消	(1)法定抵消:①当事人互负债务,该债务的标的物种类、品质相同的,任何一方可以将自己的债务与对方的到期债务抵消;但是,根据债务性质、按照当事人约定或依照法律规定不得抵消的除外;②当事人主张抵消的,应当通知对方;通知自到达对方时生效;③抵消不得附条件或者附期限。 (2)合意抵消:当事人互负债务,标的物种类、品质不相同的,经协商一致,也可以抵消。
免除	债权人免除债务人部分或者全部债务的,债权债务部分或者全部终止,但是债务人在合理期限内拒绝的除外。

项目	注释
混同	债权和债务同归于一人的,债权债务终止,但是损害第三人利益的除外。
提存	债务人难以履行债务的,可以将标的物提存:①债权人无正当理由拒绝受领;②债权人下落不明;③债权人死亡未确定继承人、遗产管理人,或者丧失民事行为能力未确定监护人。标的物不适于提存或者提存费用过高的,债务人依法可以拍卖或者变卖标的物,提存所得的价款。提存成立的,视为债务人在其提存范围内已经交付标的物。
债务清偿顺序	(1)多项债务的清偿顺序:债务人履行债务给付数额不足以清偿全部债务的,有约定依约定;无约定按照债务人的指定;债务人未作指定的,①应当优先履行已经到期的债务;②数项债务均到期的,优先履行对债权人缺乏担保或者担保最少的债务;③均无担保或者担保相等的,优先履行债务人负担较重的债务;④负担相同的,按照债务到期的先后顺序履行;⑤到期时间相同的,按照债务比例履行。

项目	注释
债务清偿顺序	(2)主从债务的清偿顺序:债务人履行债务给付不足以清偿全部债务的,除当事人另有约定外,应当按照下列顺序履行:①实现债权的有关费用;②利息;③主债务。
合同解除	(1)约定解除:①当事人协商一致,可以解除合同。②解除合同的事由发生时,解除权人可以解除合同。 (2)法定解除情形:①因不可抗力致使不能实现合同目的;②在履行期限届满前,当事人一方明确表示或者以自己的行为表明不履行主要债务;③当事人一方迟延履行主要债务,经催告后在合理期限内仍未履行;④当事人一方迟延履行债务或者有其他违约行为致使不能实现合同目的;⑤法律规定的其他情形。 (3)合同解除的效力:①合同解除后,尚未履行的,终止履行;②已经履行的,当事人可以请求恢复原状或者采取其他补救措施,并有权请求赔偿损失。③违约解除的,承担违约责任。④合同的权利义务关系终止,不影响合同中结算和清理条款的效力。

第四节 合同责任

核心考点 17：违约责任（考查频度：★★）

项目	注释
违约责任承担	（1）当事人一方不履行合同义务或者履行合同义务不符合约定的，应当承担继续履行、采取补救措施或者赔偿损失等违约责任。 （2）当事人都违反合同的，应当各自承担相应的责任。 （3）当事人一方因第三人的原因造成违约的，应当依法向对方承担违约责任。
逾期违约责任	当事人一方明确表示或者以自己的行为表明不履行合同义务的，对方可以在履行期限届满前请求其承担违约责任。
不能请求履行	当事人一方不履行非金钱债务或者履行非金钱债务不符合约定的，对方可以请求履行，但是有下列情形不得请求履行：①法律上或者事实上不能履行；②债务的标的不适于强制履行或者履行费用过高；③债权人在合理期限内未请求履行。

第二章

项目	注释
不可抗力减免责	（1）当事人一方因不可抗力不能履行合同的，根据影响，部分或者全部免除责任。 （2）因不可抗力不能履行合同的，应当及时通知对方，以减轻可能给对方造成的损失，并应当在合理期限内提供证明。 （3）当事人迟延履行后发生不可抗力的，不免除其违约责任。
约定惩罚性规则	（1）违约金：①当事人可以约定一定数额的违约金，也可以约定计算违约金的计算方法。②约定的违约金过高或低于造成的损失的，法院或者仲裁机构可以根据当事人的请求予以减少或增加。 （2）定金罚则：定金的数额由当事人约定；但是不得超过主合同标的额的 20%，超过部分不产生定金的效力：①给付定金的一方不当履行债务致使不能实现合同目的的，无权请求返还定金。②收受定金的一方不当履行债务致使不能实现合同目的的，应当双倍返还定金。 （3）二者竞合：当事人既约定违约金，又约定定金的，一方违约时，对方可以选择适用违约金或者定金条款，但只能择一。

第五节 典型合同

>> 核心考点 **18**:技术合同 (考查频度:★★★★★)

项目	注释
技术合同的职务技术成果的归属	(1)职务技术成果的财产权权属:①职务技术成果是执行法人或非法人组织的工作任务,或者主要是利用法人或非法人组织的物质技术条件所完成的技术成果。②职务技术成果的使用权、转让权属于法人或非法人组织。③法人或非法人组织订立技术合同转让职务技术成果时,职务技术成果的完成人享有以同等条件优先受让的权利。 (2)技术成果的人身权归属:完成技术成果的个人享有在有关技术成果文件上写明自己是技术成果完成者的权利和取得荣誉证书、奖励的权利。
技术开发合同	(1)技术开发合同是当事人之间就新技术、新产品、新工艺、新品种或者新材料及其系统的研究开发所订立的合同。 (2)技术开发合同包括委托开发合同和合作开发合同。 (3)技术开发合同应当采用书面形式。

项目	注释
技术秘密成果归属与分享	(1)委托开发或者合作开发完成的技术秘密成果的使用权、转让权以及收益的分配办法,由当事人约定。 (2)没有约定或者约定不明确,依据本法规定仍不能确定的,在没有相同技术方案被授予专利权前,当事人均有使用和转让的权利。但是,委托开发的研究开发人不得在向委托人交付研究开发成果之前,将研究开发成果转让给第三人。
委托开发合同技术成果归属	(1)委托开发完成的发明创造,除法律另有规定或者当事人另有约定外,申请专利的权利属于研究开发人。 (2)研究开发人取得专利权的,委托人可以依法实施该专利。 (3)研究开发人转让专利申请权的,委托人享有以同等条件优先受让的权利。
合作开发合同技术成果归属	(1)合作开发各方对技术成果归属,有约定的依照其约定。 (2)合作开发完成的发明创造,申请专利的权利属于合作开发的当事人共有;当事人一方转让其共有的专利申请权的,其他各方享有以同等条件优先受让的权利;当事人另有约定的除外。

项目	注释
合作开发合同技术成果归属	（3）合作开发的当事人一方声明放弃其共有的专利申请权的，除当事人另有约定外，可以由另一方单独申请或者由其他各方共同申请。 （4）申请人取得专利权的，放弃专利申请权的一方可以免费实施该专利。 合作开发的当事人一方不同意申请专利的，另一方或者其他各方不得申请专利。
技术转让和技术许可合同	（1）技术转让合同和技术许可合同可以约定实施专利或者使用技术秘密的范围，但是不得限制技术竞争和技术发展。 （2）技术转让合同和技术许可合同应当采用书面形式。 （3）后续技术成果的归属与分享：①当事人可以按照互利的原则，在合同中约定实施专利、使用技术秘密后续改进的技术成果的分享办法。②没有约定或者约定不明确，依据本法规定仍不能确定的，一方后续改进的技术成果，其他各方无权分享。

第二章

项目	注释
技术转让和技术许可合同	(4)技术接受者的侵权责任:受让人或被许可人按照约定实施专利、使用技术秘密侵害他人合法权益的,由让与人或许可人承担责任,但是当事人另有约定的除外。

>> 核心考点 19:委托合同(考查频度:★★★)

项目	注释
委托合同	(1)委托权限:委托人可以特别委托受托人处理一项或者数项事务,也可以概括委托受托人处理一切事务。 (2)委托合同解除:①委托人或者受托人可以随时解除委托合同。②因解除合同造成对方损失的,除不可归责于该当事人的事由外,无偿委托合同的解除方应当赔偿因解除时间不当造成的直接损失,有偿委托合同的解除方应当赔偿对方的直接损失和合同履行后可以获得的利益。

项目	注释
委托合同	(3)委托合同终止:委托人死亡、终止或受托人死亡、丧失民事行为能力、终止的,委托合同终止。但是当事人另有约定或根据委托事务的性质不宜终止的除外。
受托人的报告义务	(1)受托人应当按照委托人的要求,报告委托事务的处理情况。 (2)委托合同终止时,受托人应当报告委托事务的结果。
受托人的赔偿责任	(1)有偿的委托合同,因受托人的过错造成损失的,委托人可以请求赔偿损失。 (2)无偿的委托合同,因受托人的故意或重大过失造成委托人损失的,委托人可以请求赔偿损失。 (3)受托人超越权限造成委托人损失的,应当赔偿损失。
委托人的权利和义务	(1)介入权:受托人以自己的名义,在委托人的授权范围内与第三人订立的合同,第三人在订立合同时知道受托人与委托人之间的代理关系的,该合同直接约束委托人和第三人。但是,有确切证据证明该合同只约束受托人和第三人的除外。

项目	注释
委托人的权利和义务	(2)支付报酬:①受托人完成委托事务的,委托人应当按照约定向其支付报酬。②因不可归责于受托人的事由,委托合同解除或者委托事务不能完成的,委托人应当向受托人支付相应的报酬。
受托人以自己的名义与第三人订立合同	(1)委托人对第三人的权利:受托人以自己的名义与第三人订立合同时,第三人不知道受托人与委托人之间的代理关系的,受托人因第三人的原因对委托人不履行义务,受托人应当向委托人披露第三人,委托人因此可以行使受托人对第三人的权利。但是,第三人与受托人订立合同时如果知道该委托人就不会订立合同的除外。 (2)第三人选择权:受托人因委托人的原因对第三人不履行义务,受托人应当向第三人披露委托人,第三人因此可以选择受托人或者委托人作为相对人主张其权利,但是第三人不得变更选定的相对人。 (3)第三人抗辩权:①委托人行使受托人对第三人的权利的,第三人可以向委托人主张其对受托人的抗辩。②第三人选定委托人作为其相对人的,委托人可以向第三人主张其对受托人的抗辩以及受托人对第三人的抗辩。

第三章 《民事诉讼法》

第一节 民事诉讼法基本规定

>> **核心考点 20**:民事诉讼法的基本原则（考查频度：★★）

项目	注释
民事诉讼法基本原则	（1）独立行使审判权原则:法院依照法律规定对民事案件独立进行审判,不受行政机关、社会团体和个人的干涉。 （2）依法办案原则:法院审理民事案件,必须以事实为根据,以法律为准绳。 （3）诉讼权利平等原则:民事诉讼当事人有平等的诉讼权利。当事人在适用法律上一律平等。 （4）用本民族语言权利原则:①在少数民族聚居或者多民族共同居住的地区,法院应当用当地民族通用的语言、文字进行审理和发布法律文书。②法院应当对不通晓当地民族通用的语言、文字的诉讼参与人提供翻译。

项目	注释
民事诉讼法 基本原则	（5）辩论原则：法院审理民事案件时，当事人有权进行辩论。 （6）诚实信用原则：民事诉讼应当遵循诚实信用原则。诚信原则约束所有的民事诉讼主体，包括当事人、法官、其他诉讼参与人。 （7）处分原则：当事人有权在法律规定范围内处分自己的民事权利和诉讼权利。 （8）监督原则：人民检察院有权对民事诉讼实行法律监督。监督方式包括提起抗诉和提出检察建议。 （9）支持起诉原则：机关、社会团体、企业事业单位对损害国家、集体或者个人民事权益的行为，可以支持受损害的单位或者个人向法院起诉。 （10）调解原则：法院审理民事案件，应当根据自愿和合法的原则进行调解。调解不成的，应当及时判决。调解达成协议，法院应当制作调解书。调解书经双方当事人签收后，即具有法律效力。可以不制作调解书的情形：①调解和好的离婚案件；②调解维持收养关系的案件；③能够即时履行的案件。

项目	注释
民事诉讼法基本原则	(11)效力同等原则:民事诉讼活动通过信息网络平台在线进行的,与线下诉讼活动具有同等法律效力。(新增)

>> **核心考点 21:民事诉讼的基本制度**(考查频度:★★★)

项目	注释
合议制度	(1)合议庭:①合议庭的审判长由院长或者庭长指定审判员一人担任;院长或者庭长参加审判的,由院长或庭长担任。②合议庭评议案件,实行少数服从多数的原则。③评议中的不同意见必须如实记入笔录。④合议庭的成员人数必须是单数。 (2)审判组织:①一审:法院审理第一审民事案件,由审判员、陪审员共同组成合议庭或者由审判员组成合议庭。②二审:法院审理第二审民事案件,由审判员组成合议庭。③发回重审:发回重审的案件,原审法院应当按照第一审程序另行组成合议庭。④再审:审理再审案件,原来是第一审的,按照第一审程序另行组成合议庭。原来是第二审的或者是上级法院提审的,按照第二审程序另行组成合议庭。

项目	注释
回避制度	（1）回避适用的情形：①是本案当事人或者当事人、诉讼代理人近亲属的。②与本案有利害关系的。③与本案当事人、诉讼代理人有其他关系，可能影响对案件公正审理的。④向本案当事人及其受托人借用款物的。⑤担任过本案的证人、鉴定人、辩护人、诉讼代理人、翻译人员的。⑥审判人员接受当事人、诉讼代理人请客送礼，或者违反规定会见当事人、诉讼代理人的，当事人有权要求他们回避。⑦在一个审判程序中参与过本案审判工作的审判人员，不得再参与该案其他程序的审判。⑧本人或者其近亲属持有本案非上市公司当事人的股份或者股权的。⑨与本案当事人或者诉讼代理人有其他利害关系，可能影响公正审理的。 （2）回避适用的对象：①审判人员；②书记员；③翻译人员；④鉴定人；⑤勘验人。回避对象不包括证人。
公开审判制度	（1）法定不公开：涉及国家秘密、个人隐私或者法律另有规定的，应当不公开审理。

项目	注释
公开审判制度	（2）依申请不公开：离婚案件、涉及商业秘密的案件，当事人申请不公开审理的，可以不公开审理。
两审终审制度	（1）第二审法院的判决、裁定，是终审的判决、裁定。 （2）最高法院的判决、裁定，是发生法律效力的判决、裁定，不得上诉。

第二节　民事诉讼的管辖

核心考点 22：民事诉讼的管辖 （考查频度：★★★★★）

项目	注释
级别管辖	（1）最高法院：①在全国有重大影响的案件；②认为应当由本院审理的案件。 （2）高级法院：高级法院管辖在本辖区有重大影响的第一审民事案件。

项目	注释
级别管辖	（3）中级法院：①重大涉外案件，包括争议标的额大的案件、案情复杂的案件，或者一方当事人人数众多等具有重大影响的案件；②在本辖区有重大影响的案件；③最高法院确定由中级法院管辖的案件；④海事、海商案件由海事法院管辖。 （4）基层法院：①基层法院管辖第一审民事案件，但本法另有规定的除外；②专利纠纷案件可以由最高法院确定的基层法院管辖。
地域管辖	（1）一般原告就被告：①被告为公民，由被告住所地（户籍所在地）法院管辖；被告住所地与经常居住地不一致的，由经常居住地法院管辖。②被告为法人或其他组织，由被告住所地（主要办事机构所在地）法院管辖。③因公司设立、确认股东资格、分配利润、解散等纠纷提起的诉讼，由公司住所地法院管辖。 （2）特殊情况就原告：①追索赡养费、抚养费、扶养费案件的几个被告的住所地不在同一辖区的，可以由原告住所地法院管辖。②对不在中国领域内居住的人提起的有关身份关系的诉讼。③对下落不明或者宣告失踪的人提起的有关身份关系的诉讼。④对被采取强制性教育措施的人提起的诉讼。⑤对被监禁的人提起的诉讼。

项目	注释
专属管辖	（1）不动产纠纷：不动产诉讼专属不动产所在地法院管辖。 （2）港口作业纠纷：因港口作业中发生纠纷提起的诉讼，由港口所在地法院管辖。 （3）遗产纠纷：因继承遗产纠纷提起的诉讼，由被继承人死亡时住所地或主要遗产所在地法院管辖。
共同管辖	（1）合同纠纷：①因合同纠纷提起的诉讼，由被告住所地或合同履行地法院管辖。②以信息网络方式订立的买卖合同，通过信息网络交付标的的，买受人住所地为合同履行地；通过其他方式交付标的的，收货地为合同履行地。 （2）侵权纠纷：①因侵权行为提起的诉讼由侵权行为地或被告住所地法院管辖。②侵权行为地，包括侵权行为实施地、侵权结果发生地。③信息网络侵权行为实施地包括实施被诉侵权行为的计算机等信息设备所在地，侵权结果发生地包括被侵权人住所地。

项目	注释
协议管辖	(1)涉及财产纠纷的案件当事人可以书面协议选择与争议有联系的地点的法院管辖。 (2)协议管辖的法院限于被告住所地、合同履行地、合同签订地、原告住所地、标的物所在地等。 (3)协议管辖时，不得违反本法对级别管辖和专属管辖的规定。
选择管辖	(1)两个以上法院都有管辖权的诉讼，原告可以向其中一个法院起诉。 (2)原告向两个以上有管辖权的法院起诉的，由最先立案的法院管辖。
指定管辖	(1)有管辖权的法院由于特殊原因，不能行使管辖权的，由上级法院指定管辖。 (2)法院之间因管辖权发生争议，由争议双方协商解决；协商解决不了的，报请它们的共同上级法院指定管辖。

项目	注释
移送管辖	(1)应当移:法院发现受理的案件不属于本院管辖的,应当移送有管辖权的法院,受移送的法院应当受理。 (2)不得移:①受移送的法院认为受移送的案件依照规定不属于本院管辖的,应当报请上级法院指定管辖,不得再自行移送。②有管辖权的法院受理案件后,不得将案件移送至另一有管辖权的法院。 (3)下向上移:①上级法院有权审理下级法院管辖的第一审民事案件。②下级法院对它所管辖的第一审民事案件,认为需要由上级法院审理的,可以报请上级法院审理。 (4)上向下移:上级法院认为确有必要将本院管辖的第一审民事案件交下级法院审理的,应当报请其上级法院批准。
管辖权异议	(1)提出时间:法院受理案件后当事人对管辖权有异议的应当在提交答辩状期间提出。 (2)救济:当事人对管辖权异议裁定不服的,可以在收到裁定书之日起 10 日内向上一级法院提出上诉。

第三节　民事诉讼参加人

>> **核心考点 23:民事诉讼参加人**（考查频度:★★★★★）

项目	注释
共同诉讼	(1)必要共同诉讼:指共同诉讼人的诉讼标的是同一个,案件不能拆分。共同诉讼人要么参加诉讼或承认其他成员的诉讼结果,要么放弃诉讼权利义务。 (2)普通共同诉讼:指共同诉讼人的诉讼标的是同一种类,宜于合并审理但需要分别裁判。
代表人诉讼	(1)代表人:当事人一方或双方人数众多(10 人以上)的情况下,由人数众多一方或者双方推举出代表(2-5 人),代表本方当事人进行诉讼活动。 (2)人数确定:推选不出代表人的当事人,在必要共同诉讼中可以自己参加诉讼;在普通共同诉讼中可以另行起诉。

项目	注释
代表人诉讼	(3)人数不确定:同类案件的当事人推选不出代表人的,可以由法院提出人选与当事人协商;协商不成的,也可以由法院在起诉的当事人中指定代表人。法院作出的判决、裁定,对参加登记的全体权利人发生效力。
第三人	(1)有独三,即有独立请求权的第三人。有独三有权作为原告单独提起诉讼,诉讼标的为原当事人双方的诉讼标的。有独三不依附于原告和被告任何一方。 (2)无独三,即无独立请求权的第三人。无独三的存在仅仅是因为案件处理结果同他有法律上的利害关系。无独三可以申请参加诉讼,或者由法院通知他参加诉讼。第三人被判决要求其承担民事责任的,有权提起上诉。 (3)案件双方是原当事人,因此无论是有独三还是无独三,在一审诉讼中,无独立请求权的第三人无权提出管辖异议,无权放弃、变更诉讼请求或者申请撤诉。

项目	注释
诉讼代理人	(1)授权委托书：①委托他人代为诉讼，必须向法院提交由委托人签名或盖章的授权委托书，写明委托事项和权限。②诉讼代理人代为承认、放弃、变更诉讼请求，进行和解，提起反诉或者上诉，必须有委托人的特别授权。③授权委托书仅写"全权代理"而无具体授权的，不视为特别授权。 (2)法定诉讼代理人：①在诉讼中，无民事行为能力人、限制民事行为能力人的监护人是他的法定代理人。②无民事行为能力人、限制民事行为能力人造成他人损害的，无民事行为能力人、限制民事行为能力人和其监护人为共同被告。 (3)委托诉讼代理人：当事人、法定代理人可以委托 1-2 人作为诉讼代理人。委托代理人范围：①律师、基层法律服务工作者。②当事人的近亲属或者工作人员。③当事人所在社区、单位以及有关社会团体推荐的公民。④专利代理人经中华全国专利代理人协会推荐，可以在专利纠纷案件中担任诉讼代理人。

第四节　民事诉讼证据与保全

>> **核心考点 24**：民事诉讼证据（考查频度：★★★★）

项目	注释
证据类型	民事诉讼中的证据有八种：①书证；②物证；③视听资料；④电子数据；⑤证人证言；⑥当事人陈述；⑦鉴定意见；⑧勘验笔录。
证据的法定形式	(1)书证：书证应当提交原件；提交原件确有困难的,可以提交复制品、照片、副本、节录本。书证提出命令：①书证在对方当事人控制之下的,承担举证证明责任的当事人可以在举证期限届满前书面申请法院责令对方当事人提交。②申请理由成立的,法院应当责令对方当事人提交,因提交书证所产生的费用,由申请人负担。③对方当事人无正当理由拒不提交的,法院可以认定申请人所主张的书证内容为真实。 　　(2)物证：①物证应当提交原物；提交原物确有困难的,可以提交复制品、照片。②无法与原物核对的复制品,不能单独作为认定案件事实的依据。

项目	注释
证据的法定形式	（3）视听资料：当事人以视听资料作为证据的，应当提供存储该视听资料的原始载体。 （4）电子数据：当事人以电子数据作为证据的，应当提供原件。存储在电子介质中的录音资料和影像资料，适用电子数据的规定。 （5）域外证据：①当事人提供的公文书证系在中华人民共和国领域外形成的，该证据应当经所在国公证机关证明，或者履行中华人民共和国与该所在国订立的有关条约中规定的证明手续。②中华人民共和国领域外形成的涉及身份关系的证据，应当经所在国公证机关证明并经中华人民共和国驻该国使领馆认证，或者履行中华人民共和国与该所在国订立的有关条约中规定的证明手续。
举证责任	（1）当事人的举证责任：当事人对自己提出的主张应当及时提供证据。 （2）无需举证的事实：①自然规律以及定理、定律；②众所周知的事实；③据法律规定推定的事实；④根据已知的事实和日常生活经验法

项目	注释
举证责任	则推定出的另一事实;⑤已为法院发生法律效力的裁判所确认的事实;⑥已为仲裁机构的生效裁决所证明的事实;⑦已为有效公证书所证明的事实。第②-④项,当事人有相反证据足以反驳的除外;第⑤-⑦项,当事人有相反证据足以推翻的除外。
调查收集证据	(1)依申请:当事人及其诉讼代理人因客观原因不能自行收集的证据,可以在举证期限届满前书面申请法院调查收集。客观原因包括:①证据由国家有关部门保存,当事人及其诉讼代理人无权查阅调取的;②涉及国家秘密、商业秘密或者个人隐私的;③不能自行收集的其他证据。 (2)依职权:法院认为审理案件需要的证据,法院应当调查收集。案件需要理由包括:①涉及可能损害国家利益、社会公共利益的;②涉及身份关系;③涉及公益诉讼的;④当事人有恶意串通损害他人合法权益可能的;⑤涉及依职权追加当事人、中止诉讼、终结诉讼、回避等程序性事项的。

项目	注释
质证的效力	(1)证据应当在法庭上出示,并由当事人互相质证,未经当事人质证的证据,不得作为认定案件事实的根据。 (2)对涉及国家秘密、商业秘密和个人隐私的证据应当保密,需要在法庭出示的,不得在公开开庭时出示。
证人出庭作证	(1)当事人申请证人出庭作证的,应当在举证期限届满前提出。 (2)法院可以依职权通知证人出庭作证。 (3)签署保证书:法院应当要求证人在作证之前签署保证书,并在法庭上宣读保证书的内容。但无民事行为能力人和限制民事行为能力人作为证人的除外。证人拒绝签署或者宣读保证书的,不得作证,并自行承担相关费用。 (4)证人因履行出庭作证义务而支出的交通、住宿、就餐等必要的费用以及误工损失,由败诉一方当事人负担。 (5)存在特殊情形的,经法院许可,可以通过书面证言、视听传输技术或者视听资料等方式作证。

项目	注释
有专门知识的人出庭	当事人可以在举证期限届满前申请1-2名具有专门知识的人出庭： (1)具有专门知识的人在法庭上就专业问题提出的意见，视为当事人的陈述。 (2)具有专门知识的人不得参与专业问题之外的法庭审理活动。 (3)法院准许当事人申请的，相关费用由提出申请的当事人负担。
鉴定	(1)鉴定意见：①鉴定人应当提出书面鉴定意见。②鉴定书应当由鉴定人签名或者盖章，并附鉴定人相应资格证明。③委托机构鉴定的，鉴定书应当由鉴定机构盖章，并由从事鉴定的人员签名。 (2)鉴定人出庭：①当事人对鉴定意见有异议或法院认为鉴定人有必要出庭的，鉴定人应当出庭作证。②经法院通知，鉴定人拒不出庭作证的，鉴定意见不得作为认定事实的根据；支付鉴定费用的当事人可以要求返还鉴定费用。
证据保全	(1)前提：在提起诉讼或申请仲裁之前，证据可能灭失或者以后难以取得。

项目	注释
证据保全	(2)诉前:利害关系人可以向证据所在地、被申请人住所地或对案件有管辖权的法院申请保全证据。 (3)诉中:①当事人可以向法院申请保全证据,法院也可以主动采取保全措施。②当事人申请证据保全的,可以在举证期限届满前书面提出。 (4)担保:证据保全可能对他人造成损失的,法院应当责令申请人提供相应的担保。

▶▶ 核心考点 25:民事诉讼保全 (考查频度:★)

项目	注释
诉中保全	(1)事由:可能因当事人一方的行为或其他原因,使判决难以执行或造成当事人其他损害的案件。

项目	注释
诉中保全	(2)保全提出：①依申请：法院根据对方当事人的申请，可以裁定对其财产进行保全、责令其作出一定行为或禁止其作出一定行为。②依职权：当事人没有提出申请的，法院在必要时也可以裁定采取保全措施。
诉前保全	(1)前提：在提起诉讼或申请仲裁前，利害关系人因情况紧急，不立即申请保全将会使其合法权益受到难以弥补的损害的。 (2)管辖：申请人需向被保全财产所在地、被申请人住所地或对案件有管辖权的法院申请采取保全措施。 (3)解除保全：申请人在法院采取保全措施后 30 日内不依法提起诉讼或者申请仲裁的，法院应当解除保全。
保全裁定	(1)法院接受申请后，对情况紧急的，必须在 48 小时内作出裁定；裁定采取保全措施的，应当立即开始执行。 (2)当事人对保全的裁定不服的，可以申请复议一次。复议期间不停止裁定的执行。

项目	注释
保全的范围与方式	(1)保全范围:保全限于请求的范围,或者与本案有关的财物。 (2)保全方式:①财产保全采取查封、扣押、冻结或者法律规定的其他方法。②法院保全财产后,应当立即通知被保全财产的人。③法院对抵押物、质押物、留置物可以采取财产保全措施,但不影响抵押权人、质权人、留置权人的优先受偿权。
担保与反担保	(1)诉前保全:申请人应当提供担保,不提供担保的,裁定驳回申请。 (2)诉中保全:法院采取保全措施,可以责令申请人提供担保,申请人不提供担保的,裁定驳回申请。 (3)反担保:财产纠纷案件,被申请人提供担保的,法院应当裁定解除保全。 (4)申请错误的赔偿:申请有错误的,申请人应当赔偿被申请人因保全所遭受的损失。

第五节　民事审判与执行程序

>> **核心考点 26:第一审普通程序**（考查频度:★★★★）

项目	注释
起诉和受理	(1)起诉条件(A119):①原告必须是与本案有直接利害关系的公民、法人或其他组织;②有明确的被告;③有具体的诉讼请求、事实和理由;④属于法院受理民事案件的范围和受诉法院管辖。 (2)受理:①对符合民事诉讼法第 119 条的起诉,必须受理。②原告坚持向没有管辖权的法院起诉的,裁定不予受理。 (3)立案:①符合起诉条件的,应当在 7 日内立案,并通知当事人;不符合起诉条件的,应当在 7 日内裁定不予立案。②原告对裁定不服的,可以提起上诉。
开庭审理	(1)开庭前:①法院应当在立案之日起 5 日内将起诉状副本发送被告,被告应当在收到之日起 15 日内提出答辩状。②法院应当在收到答辩状之日起 5 日内将答辩状副本发送原告。③被告不提出答辩状的,不影响法院审理。

第三章

项目	注释
开庭审理	（2）宣判：法院对公开审理或者不公开审理的案件，一律公开宣告判决。
妨碍诉讼行为	诉讼参与人或者其他人有妨碍诉讼行为的，法院可以根据情节轻重予以罚款、拘留；构成犯罪的，依法追究刑事责任。罚款拘留数额：①对个人的，罚款金额为人民币 10 万元以下。②对单位的，罚款金额为人民币 5 万元以上 100 万元以下。③拘留的，期限为 15 日以下。
恶意诉讼	当事人之间恶意串通，企图通过诉讼、调解等方式侵害他人合法权益的，则法院应当驳回其请求，并根据情节轻重予以罚款、拘留；构成犯罪的，依法追究刑事责任。
判决	（1）民事判决必须采用书面形式作出。 （2）判决书应当写明判决结果和作出该判决的理由。 （3）判决书由审判人员、书记员署名，加盖法院印章。

项目	注释
裁定	(1)裁定的适用:①不予受理;②对管辖权有异议的;③驳回起诉;④保全和先予执行;⑤准许或者不准许撤诉;⑥中止或者终结诉讼;⑦补正判决书中的笔误;⑧中止或者终结执行;⑨撤销或者不予执行仲裁裁决;⑩不予执行公证机关赋予强制执行效力的债权文书;⑪其他需要裁定解决的事项。 (2)对裁定的救济:对于上述①、②、③三种裁定不服的,可在收到裁定书之日起 10 日内提出上诉。
审理期限	(1)法院适用普通程序审理民事案件,应当在立案之日起 6 个月内审结。 (2)有特殊情况需要延长的,经本院院长批准,可以延长 6 个月。还需要延长的,报请上级法院批准。 (3)公告期间、鉴定期间、处理管辖权异议以及管辖争议期间、当事人和解期间不应计算在内。
延期审理	(1)必须到庭的当事人和其他诉讼参与人有正当理由没有到庭的。 (2)当事人临时提出回避申请的。

项目	注释
延期审理	（3）需要通知新的证人到庭，调取新的证据，重新鉴定、勘验，或需要补充调查的。
中止诉讼	（1）一方当事人死亡，需要等待继承人表明是否参加诉讼的。 （2）一方当事人丧失诉讼行为能力，尚未确定法定代理人的。 （3）作为一方当事人的法人或者其他组织终止，尚未确定权利义务承受人的。 （4）一方当事人因不可抗拒的事由，不能参加诉讼的。 （5）本案必须以另一案的审理结果为依据，而另一案尚未审结的。
终结诉讼	（1）原告死亡，没有继承人，或者继承人放弃诉讼权利的。 （2）被告死亡，没有遗产，也没有应当承担义务的人的。 （3）离婚案件中的一方当事人死亡的。 （4）追索赡养费、扶养费、抚养费以及解除收养关系案件的一方当事人死亡的。

项目	注释
撤诉	（1）原告经传票传唤，无正当理由拒不到庭的，或未经法庭许可中途退庭的，可以按撤诉处理；被告反诉的，可以缺席判决。 （2）宣判前，原告申请撤诉的，是否准许由法院裁定。
缺席判决	（1）被告经传票传唤，无正当理由拒不到庭的，或者未经法庭许可中途退庭的，可以缺席判决。 （2）法院裁定不准许撤诉的，原告经传票传唤无正当理由拒不到庭的，可以缺席判决。

>> 核心考点 27：民事公益诉讼程序（考查频度：★）

项目	注释
提起民事公益诉讼	（1）对污染环境、侵害众多消费者合法权益等损害社会公共利益的行为，法律规定的机关和有关组织可以向法院提起诉讼。

项目	注释
提起民事公益诉讼	（2）人民检察院在履行职责中发现破坏生态环境和资源保护、食品药品安全领域侵害众多消费者合法权益等损害社会公共利益的行为，在没有法律规定的有关机关和组织起诉或其不提起诉讼的情况下，可以向法院提起诉讼。 （3）法律规定的机关或者组织提起诉讼的，人民检察院可以支持起诉。 （4）民事公益诉讼的提起并不以存在实际损害为前提条件。 （5）法院受理公益诉讼案件，不影响同一侵权行为的受害人自行提起诉讼。
受理条件	（1）有明确的被告。 （2）有具体的诉讼请求。 （3）有社会公共利益受到损害的初步证据。 （4）属于法院受理民事诉讼的范围和受诉法院管辖。

项目	注释
和解和调解	(1)对公益诉讼案件,当事人可以和解,法院可以调解。 (2)当事人达成和解或调解协议后,法院应当将和解或调解协议进行不少于 30 日的公告。 (3)公告期满后,法院审查认为调解协议或者和解协议的内容不损害社会公共利益的,应当出具调解书。 (4)调解书应当写明诉讼请求、案件的基本事实和协议内容,并应当公开。
撤诉	(1)当事人以达成和解协议为由申请撤诉的,不予准许。 (2)公益诉讼案件的原告在法庭辩论终结后申请撤诉的,法院不予准许。

项目	注释
上诉的提出	（1）当事人对一审判决不服的上诉时间为判决书送达之日起 15 日内。 （2）当事人对一审裁定不服的上诉时间为裁定书送达之日起 10 日内。
上诉审理	（1）审理范围：第二审法院应当对上诉请求的有关事实和适用法律进行审查。 （2）审理方式：①第二审法院对上诉案件，应当组成合议庭，开庭审理。②经过阅卷、调查和询问当事人，对没有提出新的事实、证据或者理由，合议庭认为不需要开庭审理的，可以不开庭审理。
案件二审的裁判	（1）裁判效力：第二审法院的判决、裁定，是终审的判决、裁定。

项目	注释
案件二审的裁判	（2）裁判类型：①维持原裁判：原判决、裁定认定事实清楚，适用法律正确的，以判决、裁定方式驳回上诉，维持原判决、裁定。②改判、撤销或变更：原判决、裁定认定事实错误或者适用法律错误的，以判决、裁定方式依法改判、撤销或变更。③发回重审或改判：原判决认定基本事实不清的，裁定撤销原判决，发回原审法院重审，或者查清事实后改判。④发回重审：原判决遗漏当事人或者违法缺席判决等严重违反法定程序的，裁定撤销原判决，发回原审法院重审。原审法院对发回重审的案件作出判决后，当事人提起上诉的，第二审法院不得再次发回重审。
二审案件的调解	（1）第二审人民法院审理上诉案件，可以进行调解。 （2）调解达成协议，应当制作调解书，由审判人员、书记员署名，加盖人民法院印章。 （3）调解书送达当事人后，原审判决即视为撤销。 （4）第二审法院的调解书中，不写"撤销原判"字样。

项目	注释
审理期限	（1）法院审理对判决的上诉案件，应当在第二审立案之日起 3 个月内审结。 （2）法院审理对裁定的上诉案件，应当在第二审立案之日起 30 日内作出终审裁定。 （3）有特殊情况需要延长审限的，由本院院长批准。

>> 核心考点 29：审判监督程序（考查频度：★★★★）

项目	注释
法院决定再审	（1）再审理由：对已经发生法律效力的判决、裁定、调解书，发现确有错误。 （2）启动再审：①各级法院院长自我纠错，认为需要再审的，应当提交审判委员会讨论决定。②最高法院对于地方各级法院，有权提审或者指令下级法院再审。③上级法院对于下级法院，有权提审或者指令下级法院再审。

项目	注释
当事人申请再审	(1)再审理由：①当事人对已经发生法律效力的判决、裁定，认为有错误的。②当事人有证据证明调解违反自愿原则或者调解协议的内容违反法律的。③当事人对已经发生法律效力的解除婚姻关系的判决、调解书，不得申请再审。 (2)再审的提出：①通常向上一级法院申请再审。②当事人一方人数众多或者当事人双方为公民的案件，也可以向原审法院申请再审。 (3)原判决：当事人申请再审的，不停止判决、裁定的执行。 (4)提出时机：①当事人申请再审，应当在判决、裁定发生法律效力后6个月内提出。②在判决、裁定发生法律效力后，出现新情况的，自知道或者应当知道之日起6个月内提出。
检察监督再审	(1)再审理由：法院的生效裁判符合民事诉讼法第200条规定的再审情形，或者发现调解书损害国家利益、社会公共利益的。 (2)上抗下：①最高人民检察院对各级法院。②上级人民检察院对下级法院。

项目	注释
检察监督再审	（3）提请抗：下级检察院对同级法院，提请上级人民检察院向同级法院提出抗诉。 （4）请求抗：申请人穷尽法院的救济途径后，请求人民检察院提出抗诉，情形为：①再审申请被法院驳回；②法院逾期未对再审申请作出裁定的；③再审判决、裁定有明显错误的。 （5）检察建议：地方各级人民检察院直接对同级法院，只能提出检察建议。
决定再审效力	按照审判监督程序决定再审的案件，裁定中止原判决、裁定、调解书的执行，但追索赡养费、扶养费、抚养费、抚恤金、医疗费用、劳动报酬等案件，可以不中止执行。
再审程序	（1）再审的案件，发生法律效力的判决、裁定是由第一审法院作出的，按照第一审程序审理，所作的判决、裁定，当事人可以上诉。 （2）发生法律效力的判决、裁定是由第二审法院作出的，按照第二审程序审理，所作的判决、裁定，是发生法律效力的判决、裁定。

项目	注释
再审程序	（3）上级法院按照审判监督程序提审的，按照第二审程序审理，所作的判决、裁定是发生法律效力的判决、裁定。 （4）法院审理再审案件，应当另行组成合议庭。

>> 核心考点 30：民事诉讼执行程序（考查频度：★★★）

项目	注释
执行根据	执行根据是指发生法律效力的民事判决、裁定、法院制作的调解书，以及刑事判决、裁定中的财产部分，以及法律规定由法院执行的其他法律文书。
执行管辖	生效裁判，由第一审法院或者与第一审法院同级的被执行的财产所在地法院执行。
执行异议	当事人、利害关系人认为执行行为违反法律规定的，可以向负责执行的人民法院提出书面异议。

项目	注释
执行和解	（1）在执行中，双方当事人自行和解达成协议的，执行员应当将协议内容记入笔录，由双方当事人签名或者盖章。 （2）申请执行人与被执行人达成和解协议后请求中止执行或者撤回执行申请的，法院可以裁定中止执行或者终结执行。 （3）一方当事人不履行或不完全履行在执行中双方自愿达成的和解协议，对方当事人申请执行原生效法律文书的，法院应当恢复执行，但和解协议已履行的部分应当扣除。
执行回转	执行完毕后，据以执行的判决、裁定和其他法律文书确有错误，被法院撤销的，对已被执行的财产，法院应当作出裁定，责令取得财产的人返还；拒不返还的强制执行。
申请执行	申请执行的期间为 2 年，申请执行时效的起算：从法律文书规定履行期间的最后一日起计算。 申请执行时效的中止、中断，适用法律有关诉讼时效中止、中断的规定。

项目	注释
执行措施	(1)被执行人未按执行通知履行法律文书确定的义务,人民法院有权查封、扣押、冻结、拍卖、变卖被执行人应当履行义务部分的财产,但应当保留被执行人及其所扶养家属的生活必需品。 (2)失信被执行人:被执行人不履行法律文书确定的义务的,法院可以对其采取或通知有关单位协助采取限制出境,在征信系统记录、通过媒体公布不履行义务信息以及法律规定的其他措施。
执行中止	(1)申请人表示可以延期执行的。 (2)案外人对执行标的提出确有理由的执行异议的。 (3)作为一方当事人的公民死亡,需要等待继承人继承权利或承担义务的。 (4)作为一方当事人的法人或其他组织终止,尚未确定权利义务承受人的。

第三章

项目	注释
执行终结	(1)申请人撤销执行申请的。 (2)据以执行的法律文书被撤销的。 (3)作为被申请执行人的公民死亡,无遗产可供执行,又无义务承担人的。 (4)追索赡养费、扶养费、抚养费案件的权利人死亡的。 (5)作为被执行人的公民因生活困难无力偿还借款,无收入来源,又丧失劳动能力的。

第四章 《行政复议法》

第一节 行政复议概述

核心考点 31:行政复议的受案范围（考查频度：★★★）

项目	注释
受案范围	（1）行政处罚:申请人对行政机关作出的警告、罚款、没收违法所得、没收非法财物、责令停产停业、暂扣或者吊销许可证、暂扣或者吊销执照、行政拘留等行政处罚决定不服的。 （2）行政强制:申请人对行政机关作出的限制人身自由或者查封、扣押、冻结财产等行政强制措施决定不服的。 （3）行政许可:申请人对行政机关作出的有关许可证、执照、资质证、资格证等证书变更、中止、撤销的决定不服的。 （4）行政确权行为:申请人对行政机关作出的关于确认土地、矿藏、水流、森林、山岭、草原、荒地、滩涂、海域等自然资源的所有权或使用权的决定不服的。

第四章

项目	注释
受案范围	(5)行政乱作为：①申请人认为行政机关侵犯合法的经营自主权的。②申请人认为行政机关变更或者废止农业承包合同，侵犯其合法权益的。③申请人认为行政机关违法集资、征收财物、摊派费用或违法要求履行其他义务的。 (6)行政不作为：①申请人认为符合法定条件，申请行政机关颁发许可证、执照、资质证、资格证等证书，或者申请行政机关审批、登记有关事项，行政机关没有依法办理的。②申请人申请行政机关履行保护人身权利、财产权利、受教育权利的法定职责，行政机关没有依法履行的。③申请人申请行政机关依法发放抚恤金、社会保险金或者最低生活保障费，行政机关没有依法发放的。 (7)其他情形：申请人认为行政机关的其他具体行政行为侵犯其合法权益的。
排除范围	(1)不服行政机关作出的行政处分或者其他人事处理决定的，应当依照有关法律、行政法规的规定提出申诉。

项目	注释
排除范围	(2)不服行政机关对民事纠纷作出的调解或者其他处理,应当依法申请仲裁或者向法院提起诉讼。
附带审查	(1)附带审查的范围:①国务院部门的规定;②县级以上地方各级人民政府及其工作部门的规定;③乡、镇人民政府的规定。 (2)附带审查的规定不含国务院部、委员会规章和地方人民政府规章。

第二节　行政复议参加人

>> **核心考点 32**:行政复议参加人 （考查频度：★★★）

项目	注释
申请人	(1)一般申请人:指认为行政主体作出的具体行政行为侵犯其合法权益的公民、法人或者其他组织。

项目	注释
申请人	（2）合伙企业：合伙企业应当以核准登记的企业为申请人，由执行合伙事务的合伙人代表该企业参加行政复议；其他合伙组织由合伙人共同申请行政复议。 （3）股份制企业：股份制企业的股东大会、股东代表大会、董事会，可以以企业的名义申请行政复议。 （4）申请承担：①有权申请行政复议的公民死亡的，其近亲属可以申请行政复议。②有权申请行政复议的公民为无民事行为能力人或限制民事行为能力人的，其法定代理人可以代为申请行政复议。③有权申请行政复议的法人或者其他组织终止的，承受其权利的法人或其他组织可以申请行政复议。 （5）共同申请人：同一行政复议案件申请人超过 5 人的，推选 1-5 名代表参加行政复议。
被申请人	（1）公民、法人或者其他组织对行政机关的具体行政行为不服的，作出具体行政行为的行政机关是被申请人。

第四章

项目	注释
被申请人	（2）若干个行政机关以共同名义作出行政行为的，共同作出行政行为的行政机关为共同被申请人。 （3）行政机关与法律、法规授权的组织以共同的名义作出具体行政行为的，行政机关和法律、法规授权的组织为共同被申请人。 （4）作出被申请行政行为的行政机关在申请提出时已经被撤销，继续行使其权限的行政机关是被申请人。 （5）下级行政机关经上级行政机关批准作出具体行政行为的，批准机关为被申请人。 （6）行政机关委托的组织所作的行政行为，委托的行政机关是被申请人。 （7）行政机关设立的派出机构、内设机构或者其他组织，未经法律、法规授权，对外以自己名义作出具体行政行为的，该行政机关为被申请人。
第三人	（1）同申请行政复议的具体行政行为有利害关系的其他公民、法人或者其他组织，可以作为第三人参加行政复议。

第四章

项目	注释
第三人	（2）第三人不参加行政复议，不影响行政复议案件的审理。 （3）行政复议机构可以通知其作为第三人参加行政复议。 （4）第三人可以向行政复议机构申请作为第三人参加行政复议。
代理人	（1）申请人、第三人可以委托 1-2 名代理人参加行政复议。 （2）申请人、第三人委托代理人的，应当向行政复议机构提交授权委托书。 （3）授权委托书应当载明委托事项、权限和期限。

第三节　行政复议机关

核心考点 33：复议机关（考查频度：★★★★★）

项目	注释
复议机关可选择	（1）被申请人是县级以上地方各级人民政府工作部门，行政复议机关可以是该部门的本级人民政府，或是其上一级主管部门，由申请人选择向其中之一申请行政复议。

项目	注释
复议机关可选择	(2)被申请人是两个或两个以上国务院部门的,申请人可以向其中任何一个国务院部门提出行政复议申请,行政复议决定由作出具体行政行为的国务院部门共同作出。
复议机关是上一级	(1)被申请人是省级以下地方各级人民政府,申请人应当向该政府的上一级人民政府申请行政复议。 (2)被申请人是海关、金融、税务、外汇管理、国家安全机关,申请人应当向其上一级主管部门申请行政复议。 (3)对两个或两个以上行政机关以共同的名义作出的具体行政行为不服的,申请人应当向其共同上一级行政机关申请行政复议。 (4)被申请人是法律、法规授权的组织,申请人应当分别向直接管理该组织的地方人民政府、地方人民政府工作部门或者国务院部门申请行政复议。
复议机关是本单位	(1)被申请人是省、自治区、直辖市人民政府,申请人应当向该省、自治区、直辖市人民政府申请行政复议。

项目	注释
复议机关是本单位	（2）被申请人是国务院部门，申请人应当向该国务院部门申请行政复议。

第四章

第四节 行政复议程序

>> 核心考点 34：行政复议程序 （考查频度：★★★★）

项目	注释
申请期限	（1）公民、法人或其他组织可以自知道该具体行政行为之日起60日内提出行政复议申请。 （2）法律规定申请行政复议的期间少于60日的，按照60日计算。 （3）法律规定申请行政复议的期间多于60日的，按照规定的时间计算。 （4）行政机关履行职责有履行期限规定的，自履行期限届满之日起计算，没有履行期限规定的，自行政机关收到申请满60日起计算。

项目	注释
申请行政复议	（1）申请费用：行政复议机关受理行政复议申请，不得向申请人收取任何费用。 （2）申请方式：①申请人申请行政复议，可以书面申请，也可以口头申请。②有条件的行政复议机构可以接受以电子邮件形式提出的行政复议申请。
受理程序	（1）自行政复议机关收到符合受理条件的行政复议申请之日起即为受理； （2）行政复议机关收到行政复议申请后，应当在5日内进行审查； （3）对不符合本法规定的行政复议申请，决定不予受理，并书面告知申请人。
共同管辖	（1）申请人就同一事项向两个或两个以上有权受理的行政机关申请行政复议的，由最先收到行政复议申请的行政机关受理。 （2）同时收到复议申请的，由收到复议申请的行政机关协商确定；协商不成的，由其共同上一级行政机关在10日内指定受理机关。

项目	注释
无端不受理	公民、法人或者其他组织依法提出行政复议申请,行政复议机关无正当理由不予受理的,上级行政机关可以先行督促其受理。经督促仍不受理的,应当责令其限期受理,必要时,上级行政机关也可以直接受理。
原行政行为的执行力	(1)行政复议期间具体行政行为不停止执行。 (2)可以停止执行的情形:①被申请人认为需要停止执行的,可以停止执行;②行政复议机关认为需要停止执行的,可以停止执行;③申请人申请停止执行,行政复议机关认为其要求合理,可以决定停止执行;④法律规定停止执行的,可以停止执行。
被告举证责任	(1)被申请人应当自收到之日起 10 日内,提出书面答复,并提交当初作出具体行政行为的证据、依据和其他有关材料。 (2)在行政复议过程中,被申请人不得自行向申请人和其他有关组织或个人收集证据。

项目	注释
行政复议的审理	(1)行政复议原则上采取书面审查的办法。 (2)行政复议机构审理行政复议案件,应当由2名以上行政复议人员参加。 (3)行政复议机关应当自受理申请之日起60日内作出行政复议决定,但是法律规定的行政复议期限少于60日的除外。不能在规定期限内作出行政复议决定的,经行政复议机关的负责人批准,可以适当延长;延长期限最多不超过30日。
复议申请的撤回	(1)行政复议决定作出前,申请人要求撤回行政复议申请的,经说明理由,可以撤回。 (2)申请人撤回行政复议申请的,不得再以同一事实和理由提出行政复议申请;但是,申请人能够证明撤回行政复议申请违背其真实意思表示的除外。
行政调解与和解	(1)行政调解适用于当事人之间的行政赔偿或者行政补偿纠纷,以及行政机关行使法律、法规规定的自由裁量权作出的具体行政行为。 (2)行政和解适用于行政机关行使法律、法规规定的自由裁量权作出的具体行政行为。

项目	注释
行政复议中止	（1）申请人的自然人死亡，其近亲属尚未确定是否参加行政复议的。 （2）申请人的自然人丧失参加行政复议的能力，尚未确定法定代理人参加行政复议的。 （3）申请人的法人或者其他组织终止，尚未确定权利义务承受人的。 （4）申请人的自然人下落不明或者被宣告失踪的。 （5）申请人、被申请人因不可抗力，不能参加行政复议的。 （6）案件涉及法律适用问题，需要有权机关作出解释或者确认的。 （7）案件审理需要以其他案件的审理结果为依据，而其他案件尚未审结的。
行政复议终止	（1）申请人要求撤回行政复议申请，行政复议机构准予撤回的。 （2）申请人的自然人死亡，没有近亲属或其近亲属放弃行政复议权利的。 （3）申请人的法人或其他组织终止，其权利义务的承受人放弃行政复议权利的。

项目	注释
行政复议 终止	（4）申请人与被申请人依照规定，经行政复议机构准许达成和解的。 （5）申请人对行政拘留不服，申请行政复议后，因同一违法行为改为刑事拘留的。 （6）因需要确定新的复议申请人而中止复议程序，满60日行政复议中止的原因仍未消除的，行政复议终止。

第五节　行政复议决定及其效力

核心考点 35：行政复议决定及其效力（考查频度：★★★★★）

项目	注释
复议决定的 类型	（1）维持：具体行政行为认定事实清楚，证据确凿，适用依据正确，程序合法，内容适当的，行政复议机关应当决定维持。

项目	注释
复议决定的 类型	（2）驳回行政复议申请：①申请人认为行政机关不履行法定职责申请行政复议，行政复议机关受理后发现该行政机关没有相应法定职责或者在受理前已经履行法定职责的。②受理行政复议申请后，发现该行政复议申请不符合规定的受理条件的。 （3）责令履行职责：被申请人不履行法定职责的，行政复议机关应当决定其在一定期限内履行法定职责。 （4）撤销：被申请人不按照规定提出书面答复、提交当初作出行政行为的证据、依据和其他有关材料的，视为该行政行为没有证据、依据，决定撤销该行政行为。 （5）变更决定：①行政行为认定事实清楚，证据确凿，程序合法，但是明显不当或者适用依据错误的。②行政行为认定事实不清，证据不足，但是经行政复议机关审理查明事实清楚，证据确凿的。 （6）确认违法：原来的行政行为确实构成违法，但是由于客观情况变化使撤销或者变更已经没有了实际的意义。

项目	注释
复议决定的类型	(7)重新作出行政行为：行政复议机关要求被申请人履行职责作出处理决定的,被申请人不得以同一事实和理由作出与原来的行政行为相同或者基本相同的行政行为。 (8)撤销、变更、确认违法、责令重新作出行政行为：原行政行为应当存在下列情形之一：①主要事实不清、证据不足的。②适用依据错误的。③违反法定程序的。④超越职权或者滥用职权的。⑤行政行为明显不当的。
行政赔偿	(1)请求赔偿的：①申请人在申请行政复议时可以一并提出行政赔偿请求。②行政复议机关在决定撤销、变更具体行政行为或者确认具体行政行为违法时,应当同时决定被申请人依法给予赔偿。 (2)未请求赔偿的：行政复议机关在依法决定撤销或变更罚款、撤销违法集资、没收财物、征收财物、摊派费用具体行政行为时,应当同时责令被申请人返还财产,或赔偿相应的价款。

项目	注释
复议决定生效	（1）行政复议机关作出行政复议决定，应当制作行政复议决定书，并加盖印章。 （2）行政复议决定书一经送达，即发生法律效力。
行政复议决定对被申请人的效力	（1）被申请人应当履行行政复议决定。 （2）被申请人不履行或者无正当理由拖延履行行政复议决定的，行政复议机关或者有关上级行政机关应当责令其限期履行。 （3）经责令履行仍拒不履行的，依法给予直接负责的主管人员和其他直接责任人员降级、撤职、开除的行政处分。
行政复议决定对申请人的效力	（1）对逾期不起诉又不履行行政复议决定，或不履行最终裁决的，依法实施强制执行。 （2）维持具体行政行为的行政复议决定，由作出具体行政行为的行政机关依法强制执行，或者申请法院强制执行。 （3）变更具体行政行为的行政复议决定，由行政复议机关依法强制执行，或者申请法院强制执行。

项目	注释
申请人的救济权利	（1）公民、法人或者其他组织不服复议决定的，可以在收到复议决定书之日起 15 日内向法院提起诉讼。 （2）行政复议机关决定不予受理的，申请人可以自收到不予受理决定书之日起 15 日内，依法向法院提起行政诉讼。 （3）复议机关逾期不作决定的，申请人可以在复议期满之日起 15 日内向法院提起诉讼；法律另有规定的除外。 （4）公民、法人或其他组织对被申请人重新作出的具体行政行为不服，可以依法申请行政复议或提起行政诉讼。
行政复议前置	（1）公民、法人或者其他组织认为行政机关的具体行政行为侵犯其已经依法取得的土地、矿藏、水流、森林、山岭、草原、荒地、滩涂、海域等自然资源的所有权或者使用权的，应当先申请行政复议。 （2）对行政复议决定不服的，可以依法向法院提起行政诉讼。

第四章

项目	注释
复议终裁	根据国务院或省、自治区、直辖市人民政府对行政区划的勘定、调整或征收土地的决定，省、自治区、直辖市人民政府确认土地、矿藏、水流、森林、山岭、草原、荒地、滩涂、海域等自然资源的所有权或使用权的行政复议决定为最终裁决。

第五章　《行政诉讼法》

第一节　行政诉讼法基本知识

>> **核心考点 36**：行政诉讼的基本原则（考查频度：★★）

项目	注释
行政机关依法应诉原则	（1）被诉行政机关负责人应当出庭应诉。不能出庭的,应当委托相应的工作人员出庭,不得仅委托律师出庭。 （2）行政机关负责人包括行政机关的正职、副职负责人以及其他参与分管的负责人。 （3）行政机关负责人出庭应诉的,可以另行委托 1-2 名诉讼代理人。
法院的审理原则	（1）法院依法独立行使审判权,不受行政机关、社会团体和个人的干涉。 （2）法院审理行政案件,以事实为根据,以法律为准绳。

项目	注释
法院的审理原则	（3）法院审理行政案件，对行政行为是否合法进行审查。 （4）法院审理行政案件，依法实行合议、回避、公开审判和两审终审制度。

>> **核心考点 37：行政诉讼的受案范围**（考查频度：★★★★★）

项目	注释
受理范围	（1）行政处罚案件：对行政拘留、暂扣或者吊销许可证和执照、责令停产停业、没收违法所得、没收非法财物、罚款、警告等行政处罚不服的。 （2）行政强制案件：对限制人身自由或者对财产的查封、扣押、冻结等行政强制措施和行政强制执行不服的。 （3）行政许可案件：申请行政许可，行政机关拒绝或者在法定期限内不予答复，或者对行政机关作出的有关行政许可的其他决定不服的。

项目	注释
受理范围	(4)行政确权案件:对行政机关作出的关于确认土地、矿藏、水流、森林、山岭、草原、荒地、滩涂、海域等自然资源的所有权或使用权的决定不服的。 (5)行政补偿案件:对征收、征用决定及其补偿决定不服的。 (6)行政不作为案件:申请行政机关履行保护人身权、财产权等合法权益的法定职责,行政机关拒绝履行或者不予答复的。 (7)妨碍经营自主权案件:认为行政机关侵犯其经营自主权或农村土地承包经营权、农村土地经营权的。 (8)滥用权力案件:认为行政机关滥用行政权力排除或者限制竞争的。 (9)违法乱作为案件:认为行政机关违法集资、摊派费用或违法要求履行其他义务的。 (10)行政给付案件:认为行政机关没有依法支付抚恤金、最低生活保障待遇或者社会保险待遇的。

项目	注释
受理范围	(11)行政合同违约案件:认为行政机关不依法履行、未按照约定履行或者违法变更、解除政府特许经营协议、土地房屋征收补偿协议等协议的。 (12)其他案件:认为行政机关侵犯其他人身权、财产权等合法权益的,以及法律、法规规定可以提起诉讼的其他行政案件。
排除范围	(1)国防、外交等国家行为。 (2)行政法规、规章或者行政机关制定、发布的具有普遍约束力的决定、命令。 (3)行政机关对行政机关工作人员的奖惩、任免等决定。 (4)法律规定由行政机关最终裁决的行政行为。 (5)行政指导行为。 (6)行政机关作出的不产生外部法律效力的行为。 (7)对公民、法人或者其他组织权利义务不产生实际影响的行为。

项目	注释
附带审查	（1）公民、法人或者其他组织认为行政行为所依据的国务院部门和地方人民政府及其部门制定的规范性文件不合法，在对行政行为提起诉讼时，可以一并请求对该规范性文件进行审查。 （2）请求附带审查的规范性文件不含规章。

第二节　行政诉讼的管辖

>> **核心考点 38**：行政诉讼的管辖（考查频度：★★★★★）

项目	注释
级别管辖	（1）最高法院：最高法院管辖全国范围内重大、复杂的第一审行政案件。 （2）高级法院：高级法院管辖本辖区内重大、复杂的第一审行政案件。

项目	注释
级别管辖	（3）中级法院：①对国务院部门或县级以上地方人民政府所作的行政行为提起诉讼的案件。②海关处理的案件。③本辖区内重大、复杂的案件。④本辖区内社会影响重大的共同诉讼案件。⑤涉外或涉及香港特别行政区、澳门特别行政区、台湾地区的案件。 （4）基层法院：基层法院管辖第一审行政案件。
地域管辖	（1）一般地域管辖：①行政案件由最初作出行政行为的行政机关所在地法院管辖。②经过复议的案件，也可以由复议机关所在地法院管辖。③经最高法院批准，高级法院可以根据审判工作的实际情况，确定若干法院跨行政区域管辖行政案件。 （2）特殊地域管辖：①对限制人身自由的行政强制措施不服而提起的诉讼，由被告或原告所在地法院管辖。②因不动产而提起的诉讼，由不动产所在地的法院管辖。
共同管辖	（1）两个以上法院都有管辖权的案件，原告可以选择其中一个法院提起诉讼。

项目	注释
共同管辖	（2）原告向两个以上有管辖权的法院提起诉讼的，由最先立案的法院管辖。
移送管辖	（1）法院发现受理的案件不属于本院管辖的，应当移送有管辖权的法院，受移送的法院应当受理。 （2）受移送的法院认为受移送的案件按照规定不属于本院管辖的，应当报请上级法院指定管辖，不得再自行移送。
指定管辖	（1）有管辖权的法院由于特殊原因不能行使管辖权的，由上级法院指定管辖。 （2）法院对管辖权发生争议，由争议双方协商解决；协商不成的，报它们的共同上级法院指定管辖。
移转管辖	（1）上级法院有权审理下级法院管辖的第一审行政案件。 （2）下级法院对其管辖的第一审行政案件，认为需要由上级法院审理或者指定管辖的，可以报请上级法院决定。

项目	注释
管辖权异议	（1）法院受理案件后被告提出管辖异议的，应当在收到起诉状副本之日起 15 日内提出。 （2）异议成立的，裁定将案件移送有管辖权的法院；异议不成立的，裁定驳回。 （3）当事人对裁定不服的，有权在裁定送达后 10 日内上诉。

第三节　行政诉讼参加人

>> **核心考点 39**：行政诉讼参加人 （考查频度：★★★★★）

项目	注释
原告	（1）原告资格：行政行为的相对人以及其他与行政行为有利害关系的公民、法人或者其他组织，有权提起诉讼。

项目	注释
原告	（2）原告资格的转移：①有权提起诉讼的公民死亡，其近亲属可以提起诉讼。②有权提起诉讼的法人或者其他组织终止，承受其权利的法人或者其他组织可以提起诉讼。 （3）共同诉讼：①普通共同诉讼：当事人一方或者双方为两人以上，因同类行政行为发生的行政案件，法院认为可以合并审理并经当事人同意的诉讼。②必要共同诉讼，是指当事人一方或者双方为两人以上，因同一行政行为发生行政争议，法院必须合并审理的诉讼。必要共同诉讼的当事人没有参加诉讼的，法院应当依法通知其参加；当事人也可以向法院申请参加。 （4）代表人诉讼：①当事人一方人数众多的共同诉讼，可以由当事人推选代表人进行诉讼。②代表人的诉讼行为对其所代表的当事人发生效力，但代表人变更、放弃诉讼请求或者承认对方当事人的诉讼请求，应当经被代表的当事人同意。③人数众多，一般指10人以上；代表人为2-5人。④当事人一方人数众多的，由当事人推选代表人。⑤当事人推选不出的，可以由法院在起诉的当事人中指定代表人。

第五章

项目	注释
被告	（1）一般情形：公民、法人或者其他组织直接向法院提起诉讼的，作出行政行为的行政机关是被告。 （2）共同行为：①两个以上行政机关作出同一行政行为的，共同作出的行政机关是共同被告。②原告只起诉部分行政机关的，法院告知原告追加其余行政机关为共同被告。③原告不同意追加的，法院应通知其余行政机关为第三人参加行政诉讼。 （3）上级批准行为：当事人不服经上级行政机关批准的行政行为，向法院提起诉讼的，以在对外发生法律效力的文书上署名的机关为被告。 （4）委托行为：行政机关委托的组织所作的行政行为，委托的行政机关是被告。 （5）被告不适格：原告所起诉的被告不适格，法院应当告知原告变更被告；原告不同意变更的，裁定驳回起诉。
经复议的案件	（1）复议改变原行为：复议机关改变原行政行为的，复议机关是被告。复议机关改变原行政行为，是指改变原行政行为的处理结果。

项目	注释
经复议的案件	(2)复议维持原行为:①复议机关决定维持原行政行为的,作出原行政行为的行政机关和复议机关是共同被告。②原告只起诉作出行政行为的行政机关或复议机关的,法院应当告知原告追加被告;原告不同意追加的,法院应当将另一机关列为共同被告。 (3)复议机关不作为:复议机关在法定期限内未作出复议决定,公民、法人或者其他组织起诉原行政行为的,作出原行政行为的行政机关是被告;起诉复议机关不作为的,复议机关是被告。
第三人	(1)第三人是同被诉行政行为有利害关系但没有提起诉讼,或者同案件处理结果有利害关系的公民、法人或者其他组织。 (2)第三人可以申请参加诉讼,或者由法院通知其参加诉讼。 (3)法院判决其承担义务或者减损其权益的第三人,有权提出上诉或者申请再审。
诉讼代理人	(1)法定代理:没有诉讼行为能力的公民,由其法定代理人代为诉讼。法定代理人互相推诿代理责任的,由法院指定其中一人代为诉讼。

第五章

项目	注释
诉讼代理人	(2)委托代理：当事人、法定代理人、代表人可以委托 1-2 人作为诉讼代理人。

第四节　行政诉讼证据

核心考点 40：行政诉讼证据 （考查频度：★★★）

项目	注释
证据的种类	①书证；②物证；③视听资料；④电子数据；⑤证人证言；⑥当事人的陈述；⑦鉴定意见；⑧勘验笔录、现场笔录。
证人证言	法院在证人出庭作证前应当告知其如实作证的义务以及作伪证的法律后果。行政执法人员出庭的情形： (1)原告或第三人对现场笔录的合法性或者真实性有异议的。 (2)原告或第三人对扣押财产的品种或者数量有异议的。

项目	注释
证人证言	(3)原告或第三人对检验的物品取样或者保管有异议的。 (4)原告或第三人对行政执法人员身份的合法性有异议的。
鉴定意见	法院不予采纳下列原告或第三人提出证据证明的鉴定意见,包括: (1)鉴定人不具备鉴定资格。 (2)鉴定程序严重违法。 (3)鉴定结论错误、不明确或者内容不完整。
被告举证	(1)诉讼中,被告及其诉讼代理人不得自行向原告、第三人和证人收集证据。 (2)被告对作出的行政行为负有举证责任,应当提供作出该行政行为的证据和所依据的规范性文件。 (3)被告不提供或者无正当理由逾期提供证据,视为没有相应证据。但是,被诉行政行为涉及第三人合法权益,第三人提供证据的除外。 (4)原告可以提供证明行政行为违法的证据;原告提供的证据不成立的,不免除被告的举证责任。

项目	注释
被告举证	(5)被告认为原告起诉超过法定期限的,由被告承担举证责任。
原告举证	(1)原告或者第三人应当在开庭审理前或者法院指定的交换证据清单之日提供证据。 (2)因正当事由申请延期提供证据的,经法院准许,可以在法庭调查中提供。 (3)在行政赔偿、补偿的案件中,原告应当对行政行为造成的损害提供证据;因被告的原因导致原告无法举证的,由被告承担举证责任。 (4)在起诉被告不履行法定职责的案件中,原告应当提供其向被告提出申请的证据。 (5)无须举证的情形:①被告应当依职权主动履行法定职责的;②原告因正当理由不能提供证据的。
调查取证	(1)依职权:法院有权向有关行政机关以及其他组织、公民调取证据,但是,不得为证明行政行为的合法性调取被告作出行政行为时未收集的证据。

项目	注释
调查取证	(2)依申请:与本案有关的证据,原告或第三人不能自行收集的,可以申请法院调取,包括:①由国家机关保存而须由法院调取的证据;②涉及国家秘密、商业秘密和个人隐私的证据;③确因客观原因不能自行收集的其他证据。
证据的保全	在证据可能灭失或者以后难以取得的情况下,诉讼参加人可以向法院申请保全证据,法院也可以主动采取保全措施。

第五节　行政诉讼程序

》》核心考点 41:行政诉讼的起诉与受理（考查频度：★★）

项目	注释
起诉的期限	(1)一般期限:①公民、法人或非法人组织直接向法院提起诉讼的,应当自知道或应当知道作出行政行为之日起 6 个月内提出。②因不动产提起诉讼的案件自行政行为作出之日起超过 20 年,其他案件自行政行为作出之日起超过 5 年提起诉讼的,法院不予受理。

项目	注释
起诉的期限	（2）特别期限：指为行政诉讼法所认可，由其他单行法律所规定的起诉期限。 （3）经过复议的案件：①当事人不服行政复议决定的，应当在收到复议决定书之日起 15 日内向法院提起诉讼。②如果复议机关逾期不作决定的，当事人可以在复议期满之日起 15 日内向法院提起诉讼。 （4）起诉期限的扣除：公民、法人或者其他组织因不可抗力或者其他不属于其自身的原因耽误起诉期限的，被耽误的时间不计算在起诉期限内。
起诉应符合的条件	（1）原告是行政行为的相对人及其他与行政行为有利害关系的公民、法人或其他组织； （2）有明确的被告； （3）有具体的诉讼请求和事实根据； （4）属于法院受案范围和受诉法院管辖。

项目	注释
受理	(1)法院在接到起诉状时,对符合规定起诉条件的,应当登记立案。 (2)对当场不能判定是否符合本法规定的起诉条件的,应当接收起诉状,出具注明收到日期的书面凭证,并在7日内决定是否立案。 (3)对于不接收起诉状、接收起诉状后不出具书面凭证,以及不一次性告知当事人需要补正的起诉状内容的,当事人可以向上级法院投诉,上级法院应当责令改正,并对直接负责的主管人员和其他直接责任人员依法给予处分。
立案	(1)不予立案:①不符合起诉条件的,作出不予立案的裁定;原告对裁定不服的,可以提起上诉。②法院裁定准许原告撤诉后,原告以同一事实和理由重新起诉的,法院不予立案。③法院既不立案,又不作出不予立案裁定的,当事人可以向上一级法院起诉;上一级法院认为符合起诉条件的,应当立案、审理,也可以指定其他下级法院立案、审理。

项目	注释
立案	(2)立案:对当事人依法提起的诉讼,法院能够判断符合起诉条件的,应当当场登记立案。受理后,七日内仍不能作出判断的,应当先予立案。 (3)立案后:①法院应当在立案之日起 5 日内,将起诉状副本发送被告;被告应当在收到起诉状副本之日起 15 日内向法院提交作出行政行为的证据和所依据的规范性文件,并提出答辩状。②法院经过阅卷、调查或者询问当事人,认为不需要开庭审理的,可以迳行裁定驳回起诉。

>> **核心考点 42:行政诉讼第一审普通程序** (考查频度:★★★★)

项目	注释
公开审理	(1)法院公开审理行政案件,但涉及国家秘密、个人隐私和法律另有规定的除外。 (2)涉及商业秘密的案件,当事人申请不公开审理的,可以不公开审理。

项目	注释
调解的适用	法院审理行政案件,不适用调解。但是,行政赔偿、补偿以及行政机关行使法律、法规规定的自由裁量权的案件可以调解。
起诉是否停止原行政行为	(1)诉讼期间,不停止行政行为的执行。 (2)当事人对停止执行或不停止执行的裁定不服的,可以申请复议一次。 (3)裁定停止执行的情形:①被告认为需要停止执行的;②原告或者利害关系人申请停止执行,法院认为该行政行为的执行会造成难以弥补的损失,并且停止执行不损害国家利益、社会公共利益的;③法院认为该行政行为的执行会给国家利益、社会公共利益造成重大损害的;④法律、法规规定停止执行的。
诉讼中改变原行政行为	(1)被告在一审期间改变被诉行政行为的,应当书面告知法院。 (2)原告或者第三人对改变后的行政行为不服提起诉讼的,法院应当就改变后的行政行为进行审理。

第五章

项目	注释
诉讼中改变原行政行为	（3）被告改变原违法行政行为，原告仍要求确认原行政行为违法的，法院应当依法作出确认判决。 （4）原告起诉被告不作为，在诉讼中被告作出行政行为，原告不撤诉的，法院应当就不作为依法作出确认判决。
行政诉讼的法律适用	（1）法院审理行政案件，以法律和行政法规、地方性法规为依据。 （2）地方性法规适用于本行政区域内发生的行政案件。 （3）法院审理行政案件，参照规章。
审理期限	（1）法院应当在立案之日起6个月内作出第一审判决。 （2）有特殊情况需要延长的，由高级法院批准，高级法院审理第一审案件需要延长的，由最高法院批准。 （3）基层法院申请延长审理期限，应当直接报请高级法院批准，同时报中级法院备案。
行政诉讼判决	（1）驳回原告诉讼请求：行政行为证据确凿，适用法律、法规正确，符合法定程序的，或者原告申请被告履行法定职责或者给付义务理由不成立的。

项目	注释
行政诉讼 判决	（2）撤销判决：行政行为有下列情形之一的，法院判决撤销或部分撤销，并可以判决被告重新作出行政行为：①主要证据不足；②适用法律、法规错误；③违反法定程序；④超越职权；⑤滥用职权；⑥明显不当。法院判决被告重新作出行政行为的，被告不得以同一的事实和理由作出与原行政行为基本相同的行政行为。 　　（3）确认违法但不撤销的判决：①被诉行政行为依法应当撤销，但撤销会给国家利益、社会公共利益造成重大损害的；②行政行为程序轻微违法，但对原告权利不产生实际影响的。 　　（4）确认无效判决：行政行为有实施主体不具有行政主体资格或者没有依据等重大且明显违法情形，原告申请确认行政行为无效的，法院判决确认无效。 　　（5）变更判决：①行政处罚明显不当，或者其他行政行为涉及对款额的确定、认定确有错误的，法院可以判决变更。②法院判决变更，不得加重原告的义务或者减损原告的权益，但是利害关系人同为原告，且诉讼请求相反的除外。

项目	注释
经过复议的案件	（1）复议机关作共同被告的案件，以作出原行政行为的行政机关确定案件的级别管辖。 （2）复议机关决定维持原行政行为的，法院应当在审查原行政行为合法性的同时，一并审查复议决定的合法性。 （3）复议机关与作出原行政行为的行政机关为共同被告的案件，法院应当对复议决定和原行政行为一并作出裁判。
行政诉讼裁定	（1）裁定适用于下列情形：①不予立案；②驳回起诉；③管辖异议；④终结诉讼；⑤中止诉讼；⑥移送或者指定管辖；⑦诉讼期间停止行政行为的执行或者驳回停止执行的申请；⑧财产保全；⑨先予执行；⑩准许或者不准许撤诉；⑪补正裁判文书中的笔误；⑫中止或者终结执行；⑬提审、指令再审或者发回重审；⑭准许或者不准许执行行政机关的行政行为；⑮其他需要裁定的事项。 （2）对于上述①不予受理、②对管辖权有异议、③驳回起诉三种裁定不服的，可在收到裁定书之日起10日内提出上诉。

项目	注释
延期开庭	（1）应当到庭的当事人和其他诉讼参与人有正当理由没有到庭的。 （2）当事人临时提出回避申请且无法及时作出决定的。 （3）需要通知新的证人到庭，调取新的证据，重新鉴定、勘验，或者需要补充调查的。
中止审理	（1）原告死亡，须等待其近亲属表明是否参加诉讼的。 （2）原告丧失诉讼行为能力，尚未确定法定代理人的。 （3）作为一方当事人的行政机关、法人或其他组织终止，尚未确定权利义务承受人的。 （4）一方当事人因不可抗力的事由不能参加诉讼的。 （5）案件涉及法律适用问题，需要送请有权机关作出解释或者确认的。 （6）案件的审判须以相关民事、刑事或者其他行政案件的审理结果为依据，而相关案件尚未审结的。

第五章

项目	注释
终结审理	(1)原告死亡,没有近亲属或者近亲属放弃诉讼权利的。 (2)作为原告的法人或者其他组织终止后,其权利义务的承受人放弃诉讼权利的。 (3)由于需要确定新的原告而中止诉讼满 90 日仍无人继续诉讼的,裁定终结诉讼,但有特殊情况的除外。

核心考点 43:行政诉讼第二审程序 (考查频度: ★★★)

项目	注释
上诉的期限	(1)当事人不服法院一审判决的上诉期限是自判决书送达之日起 15 日内。 (2)当事人不服法院一审裁定的上诉期限是自裁定书送达之日起 10 日内。
二审审理期限	(1)法院第二审行政案件,应当自收到上诉状之日起 3 个月内作出终审判决。

项目	注释
二审审理期限	(2)有特殊情况需要延长的,由高级法院批准。 (3)高级法院审理上诉案件需要延长的,由最高法院批准。
二审裁判类型	(1)驳回上诉,维持原判:原判决、裁定认定事实清楚,适用法律、法规正确的,判决或者裁定驳回上诉,维持原判决、裁定。 (2)改判、撤销或变更:原判决、裁定认定事实错误或者适用法律、法规错误的,依法改判、撤销或者变更。 (3)发回重审或改判:①原判决认定基本事实不清、证据不足的,发回原审法院重审,或者查清事实后改判。②原判决遗漏当事人、遗漏诉讼请求或者违法缺席判决等严重违反法定程序的,应当裁定撤销原判决,发回重审。
行政赔偿	(1)原审判决遗漏行政赔偿请求,第二审法院经审查认为依法不应当予以赔偿的,应当判决驳回行政赔偿请求。 (2)原审判决遗漏行政赔偿请求,第二审法院经审理认为依法应当予以赔偿的,可以就行政赔偿问题进行调解;调解不成的,应当就行政赔偿部分发回重审。

第五章

项目	注释
行政赔偿	(3)当事人在第二审期间提出行政赔偿请求的,第二审法院可以进行调解;调解不成的,应当告知当事人另行起诉。

≫ 核心考点 44:行政诉讼审判监督程序（考查频度：★）

项目	注释
应当再审的情形（法91）	(1)不予立案或者驳回起诉确有错误的。 (2)有新的证据,足以推翻原判决、裁定的。 (3)原判决、裁定认定事实的主要证据不足、未经质证或者系伪造的。 (4)原判决、裁定适用法律、法规确有错误的。 (5)违反法律规定的诉讼程序,可能影响公正审判的。 (6)原判决、裁定遗漏诉讼请求的。 (7)据以作出原判决、裁定的法律文书被撤销或者变更的。 (8)审判人员在审理该案件时有贪污受贿、徇私舞弊、枉法裁判行为的。

项目	注释
当事人申请再审	（1）当事人对已经发生法律效力的判决、裁定，认为确有错误的，可以向上一级法院申请再审，但判决、裁定不停止执行。 （2）当事人向上一级法院申请再审，应当在判决、裁定或者调解书发生法律效力后 6 个月内提出。
法院决定再审	已经发生法律效力的判决、裁定，发现有本法第 91 条规定情形之一，或者发现调解违反自愿原则或者调解书内容违法。
检察监督	（1）抗诉条件：人民检察院发现已经发生法律效力的判决、裁定有本法第 91 条规定情形之一，或发现调解书损害国家利益、社会公共利益的，应当提出抗诉。 （2）抗诉提起：①最高人民检察院对各级法院，上级人民检察院对下级法院，认为符合抗诉条件的，有权提起抗诉。②地方各级人民检察院对同级法院，认为符合抗诉条件的，也可以提请上级人民检察院向同级法院提出抗诉。 （3）检察建议：地方各级人民检察院对同级法院，认为符合抗诉条件的，可以向同级法院提出检察建议，并报上级人民检察院备案。

第五章

项目	注释
检察监督	(4)当事人请求检察院抗诉:①法院驳回再审申请的;②法院逾期未对再审申请作出裁定的;③再审判决、裁定有明显错误的。
再审审理的内容	(1)法院审理再审案件应当围绕再审请求和被诉行政行为合法性进行。 (2)当事人的再审请求超出原审诉讼请求,符合另案诉讼条件的,告知当事人可以另行起诉。

▌ 第六节　国家赔偿 ▌

>> **核心考点 45**:国家赔偿（考查频度：★）

项目	注释
行政赔偿范围	(1)侵犯人身权:行政机关及其工作人员在行使行政职权时发生侵犯人身权情形的,受害人有取得赔偿的权利。

项目	注释
行政赔偿范围	(2)侵犯财产权:行政机关及其工作人员在行使行政职权时发生侵犯财产权情形的,受害人有取得赔偿的权利。 (3)国家不予赔偿:①行政机关工作人员与行使职权无关的个人行为。②因公民、法人和其他组织自己的行为致使损害发生的。
赔偿义务机关	(1)行政机关及其工作人员行使行政职权侵犯公民、法人和其他组织的合法权益造成损害的,该行政机关为赔偿义务机关。 (2)两个以上行政机关共同行使行政职权时侵犯公民、法人和其他组织的合法权益造成损害的,共同行使行政职权的行政机关为共同赔偿义务机关。 (3)受行政机关委托的组织或者个人在行使受委托的行政权力时侵犯公民、法人和其他组织的合法权益造成损害的,委托的行政机关为赔偿义务机关。 (4)经复议机关复议的,最初造成侵权行为的行政机关为赔偿义务机关,但复议机关的复议决定加重损害的,复议机关对加重的部分履行赔偿义务。

第五章

项目	注释
行政赔偿程序	（1）赔偿请求人要求赔偿，应当先向赔偿义务机关提出，也可以在申请行政复议或者提起行政诉讼时一并提出。 （2）赔偿请求人根据受到的不同损害，可以同时提出数项赔偿要求。 （3）法院审理行政赔偿案件，赔偿请求人和赔偿义务机关对自己提出的主张，应当提供证据。

第五章

第六章 《著作权法》

第一节 著作权的客体和归属

核心考点 46：著作权保护的客体（考查频度：★★★★★）

项目	注释
作品的含义	作品，是指文学、艺术和科学领域内具有独创性并能以某种有形形式表现的智力成果。
不予保护的客体	（1）法律、法规，国家机关的决议、决定、命令和其他具有立法、行政、司法性质的文件，及其官方正式译文。 （2）单纯事实消息。 （3）历法、通用数表、通用表格和公式。
作品的种类	（1）文字作品；（2）口述作品；（3）艺术作品；（4）绘画类作品；（5）摄影作品；（6）视听作品；（7）图形类作品；（8）计算机软件。

项目	注释
著作权人	（1）包括作者，和其他依照本法享有著作权的自然人、法人或者非法人组织。 （2）著作权属于作者，著作权法另有规定的除外。
作者的确定	（1）自然人：①创作作品的自然人是作者。②著作权属于自然人的，自然人死亡后，其著作权中的各项财产权在著作权法规定的保护期内，依法转移。 （2）单位作者：①由法人或者非法人组织主持，代表法人或者非法人组织意志创作，并由法人或者非法人组织承担责任的作品，法人或者非法人组织视为作者。②著作权属于法人或者非法人组织的，法人或者非法人组织变更、终止后，其著作权中的各项财产权在著作权法规定的保护期内，由承受其权利义务的法人或非法人组织享有。
著作权登记	著作权人可以向国家著作权主管部门认定的登记机构办理作品登记。

项目	注释
著作权集体管理组织	（1）著作权人和与著作权有关的权利人可以授权著作权集体管理组织行使著作权或者与著作权有关的权利。 （2）依法设立的著作权集体管理组织是非营利法人，被授权后可以以自己的名义为著作权人和与著作权有关的权利人主张权利，并可以作为当事人进行涉及著作权或与著作权有关的权利的诉讼、仲裁、调解活动。
演绎作品	（1）改编、翻译、注释、整理已有作品而产生的作品，其著作权由改编、翻译、注释、整理人享有，但行使著作权时不得侵犯原作品的著作权。 （2）汇编若干作品、作品的片段或者不构成作品的数据或者其他材料，对其内容的选择或者编排体现独创性的作品，为汇编作品，其著作权由汇编人享有，但行使著作权时，不得侵犯原作品的著作权。 （3）使用改编、翻译、注释、整理、汇编已有作品而产生的作品进行出版、演出和制作录音录像制品，应当取得该作品的著作权人和原作品的著作权人许可，并支付报酬。

第六章

项目	注释
视听作品	（1）视听作品中的影视作品（电影作品、电视剧作品）的著作权由制作者享有，但编剧、导演、摄影、作词、作曲等作者享有署名权，并有权按照与制作者签订的合同获得报酬。 （2）影视作品以外的视听作品的著作权归属由当事人约定；没有约定或者约定不明确的，由制作者享有，但作者享有署名权和获得报酬的权利。 （3）视听作品中的剧本、音乐等可以单独使用的作品的作者有权单独行使其著作权。
职务作品	（1）一般职务作品，著作权由作者享有，但法人或非法人组织有权在其业务范围内优先使用；作品完成两年内，未经单位同意，作者不得许可第三人以与单位使用的相同方式使用该作品。 （2）特殊职务作品，作者享有署名权，著作权的其他权利由法人或者非法人组织享有，法人或者非法人组织可以给予作者奖励。

项目	注释
职务作品	(3)特殊职务作品的情形：①主要是利用法人或者非法人组织的物质技术条件创作，并由法人或者非法人组织承担责任的工程设计图、产品设计图、地图、示意图、计算机软件等职务作品；②报社、期刊社、通讯社、广播电台、电视台的工作人员创作的职务作品。
合作作品	(1)两人以上合作创作的作品，著作权由合作作者共同享有。 (2)合作作品的著作权由合作作者通过协商一致行使；不能协商一致，又无正当理由的，任何一方不得阻止他方行使除转让、许可他人专有使用、出质以外的其他权利，但是所得收益应当合理分配给所有合作作者。 (3)合作作品可以分割使用的，作者对各自创作的部分可以单独享有著作权，但行使著作权时不得侵犯合作作品整体的著作权。
委托作品	(1)委托作品著作权的归属由委托人和受托人通过合同约定；合同未作明确约定或者没有订立合同的，著作权属于受托人。

项目	注释
委托作品	（2）委托作品著作权属于受托人的，委托人在约定的使用范围内享有使用作品的权利；双方没有约定使用作品范围的，委托人可以在委托创作的特定目的范围内免费使用该作品。
自传体作品	（1）当事人合意以特定人物经历为题材完成的自传体作品，对著作权权属有约定的，依其约定。 （2）没有约定的，著作权归该特定人物享有，执笔人或整理人对作品完成付出劳动的，著作权人可以向其支付适当的报酬。
原件所有权转移的	（1）作品原件所有权的转移，不改变作品著作权的归属，但美术、摄影作品原件的展览权由原件所有人享有。 （2）作者将未发表的美术、摄影作品的原件所有权转让给他人，受让人展览该原件不构成对作者发表权的侵犯。
作者身份不明	（1）作者身份不明的作品由作品原件的所有人行使除署名权以外的著作权。 （2）作者身份确定后，由作者或者其继承人行使著作权。

第二节　著作权的内容及行使

>> **核心考点 48：著作权的内容**（考查频度：★★★★★）

项目	注释
著作权的人身权	（1）发表权，即决定作品是否公之于众的权利。发表权属于一次性权利。 （2）署名权，即表明作者身份，在作品上署名的权利。 （3）修改权，即修改或者授权他人修改作品的权利。 （4）保护作品完整权，即保护作品不受歪曲、篡改的权利。
著作权的财产权	（1）复制权，即以印刷、复印、拓印、录音、录像、翻录、翻拍、数字化等方式将作品制作一份或者多份的权利。 （2）发行权，是以出售或者赠与方式向公众提供作品的原件或者复制件的权利。 （3）出租权，即有偿许可他人临时使用视听作品、计算机软件的原件或者复制件的权利，计算机软件不是出租的主要标的除外。

项目	注释
著作权的财产权	（4）展览权，客体是美术作品和摄影作品，可以是原件，也可以是复制件。 （5）表演权，即公开表演作品，以及用各种手段公开播送作品的表演的权利。 （6）放映权，即通过放映机、幻灯机等技术设备公开再现美术、摄影、视听作品等的权利。 （7）广播权，以有线或者无线方式公开传播或者转播作品，以及通过扩音器或者其他传送符号、声音、图像的类似工具向公众传播广播的作品的权利，但不包括信息网络传播权规定的权利。 （8）信息网络传播权，即以有线或者无线方式向公众提供作品，使公众可以在其个人选定的时间和地点获得作品的权利。 （9）摄制权，即以摄制视听作品的方法将作品固定在载体上的权利。 （10）改编权，即改变作品，创作出具有独创性的新作品的权利。

项目	注释
著作权的 财产权	(11)翻译权,即将作品从一种语言文字转换成另一种语言文字的权利。 (12)汇编权,将作品或者作品的片段通过选择或者编排,汇集成新作品的权利。 (13)应当由著作权人享有的其他权利。

核心考点 49：著作权的行使（考查频度：★★★）

项目	注释
许可使用权	(1)著作权人可以许可他人行使其著作权中的财产权,并有依照约定或根据著作权法的有关规定获得报酬的权利。 (2)使用许可合同未明确许可的权利,未经著作权人同意,另一当事人不得行使。 (3)与著作权人订立专有许可使用合同的,可以向著作权行政管理部门备案。

第六章

项目	注释
出质权	以著作权中的财产权出质的,由出质人和质权人依法办理出质登记。
转让权	(1)著作权人可以全部或者部分转让其著作权中的财产权,并有依照约定或者著作权法的有关规定获得报酬的权利。 (2)转让合同中未明确约定转让的权利,未经著作权人同意,另一方当事人不得行使。 (3)与著作权人订立(软件)转让合同的,可以向著作权行政管理部门备案。 (4)中国公民、法人或者非法人组织向外国人许可或者转让软件著作权的,应当遵守中华人民共和国技术进出口管理条例的有关规定。

➢➢ 核心考点 50:著作权的保护期 (考查频度: ★★)

项目	注释
人身权的保护期	著作权自作品创作完成之日起产生。 (1)作者的署名权、修改权、保护作品完整权的保护期不受限制。

项目	注释
人身权的保护期	（2）作者死亡后，其著作权中的署名权、修改权和保护作品完整权由作者的继承人或者受遗赠人保护。 （3）自然人著作权中的发表权的保护期为作者终生及其死亡后50年，截止于作者死亡后第50年的12月31日。 （4）合作作品的发表权截止于最后死亡的作者死亡后第50年的12月31日。 （5）单位著作权中的发表权，保护期为50年，截止于作品创作完成后第50年的12月31日；但作品自创作完成后50年内未发表的，本法不再保护。 （6）视听作品，其发表权的保护期为50年，截止于作品创作完成后第50年的12月31日；但作品自创作完成后50年内未发表的，本法不再保护。

项目	注释
财产权的保护期	(1)保护期为作者终生及其死亡后 50 年,截止于作者死亡后第 50 年的 12 月 31 日。 (2)合作作品的各项财产权截止于最后死亡的作者死亡后第 50 年的 12 月 31 日。 (3)单位著作权中的财产权保护期为 50 年,截止于作品首次发表后第 50 年的 12 月 31 日。 (4)视听作品中的财产权的保护期为 50 年,截止于作品首次发表后第 50 年的 12 月 31 日。 作者身份不明的: (1)作者身份不明的作品,其著作权中的财产权的保护期截止于作品首次发表后第 50 年的 12 月 31 日。 (2)作者身份确定后,适用著作权法关于自然人著作权保护期限的有关规定。

第三节　与著作权有关的权利

>> 核心考点 51：与著作权有关的权利（考查频度：★★★★★）

项目	注释
图书报刊的出版	（1）禁止一稿多投：①著作权人向报社投稿的，自稿件发出之日起15 日内未收到通知决定刊登的，可以将同一作品向其他报社投稿。②著作权人向期刊社投稿的，自稿件发出之日起 30 日内未收到通知决定刊登的，可以将同一作品向其他期刊社投稿。 （2）法定许可：作品刊登后，除著作权人声明不得转载、摘编的外，其他报刊可以转载或作为文摘、资料刊登，但应当按照规定向著作权人支付报酬。 （3）出版者的权利：①出版者有权许可或者禁止他人使用其出版的图书、期刊的版式设计。②版式设计权的保护期为 10 年，截止于使用该版式设计的图书、期刊首次出版后第 10 年的 12 月 31 日。

项目	注释
表演	（1）表演者的义务：①使用他人作品演出，表演者应当取得著作权人许可，并支付报酬。②演出组织者组织演出，由该组织者取得著作权人许可，并支付报酬。 （2）表演者的人身权：①表明表演者身份。②保护表演形象不受歪曲。 （3）表演者的财产权：①许可他人从现场直播和公开传送其现场表演，并获得报酬。②许可他人录音录像，并获得报酬。③许可他人复制、发行、出租录有其表演的录音录像制品，并获得报酬。④许可他人通过信息网络向公众传播其表演，并获得报酬。 （4）保护期限：①表演者的人身权利，其保护期不受限制。②表演者的财产权利的保护期为50年，截止于该表演发生后第50年的12月31日。

项目	注释
录音录像	（1）录音录像制作者的权利：①录音录像制作者对其制作的录音录像制品，享有许可他人复制、发行、出租、通过信息网络向公众传播并获得报酬的权利。②将录音制品用于有线或者无线公开传播，或者通过传送声音的技术设备向公众公开播送的，应当向录音制作者支付报酬。 （2）录音录像制作者的义务：①录音录像制作者使用他人作品制作录音录像制品，应取得著作权人许可，并支付报酬。②录音录像制作者制作录音录像制品，应当同表演者订立合同，并支付报酬。 （3）保护期限：权利保护期为50年，截止于该制品首次制作完成后第50年的12月31日。 （4）法定许可：录音制作者使用他人已经合法录制为录音制品的音乐作品制作录音制品，可以不经著作权人许可，但应当按照规定支付报酬；但是著作权人声明不许使用的不得使用。 （5）三重许可：被许可人复制、发行、通过信息网络向公众传播录音录像制品，应当同时取得著作权人、表演者许可，并支付报酬；被许可人出租录音录像制品，还应当取得表演者许可，并支付报酬。

第六章

项目	注释
广播电台、电视台播放	（1）广播电台、电视台的权利：广播电台、电视台有权禁止未经其许可的下列情形：①将其播放的广播、电视以有线或者无线方式转播；②将其播放的广播、电视录制以及复制；③将其播放的广播、电视通过信息网络向公众传播。 （2）广播电台、电视台的义务：①广播电台、电视台播放他人未发表的作品，应当取得著作权人许可，并支付报酬。②电视台播放他人的视听作品，应当取得著作权人许可，并支付报酬。③电视台播放他人的录像制品，应当取得录像制作者、著作权人的许可，并支付报酬。 （3）保护期限：权利的保护期为 50 年，截止于该广播、电视首次播放后第 50 年的 12 月 31 日。 （4）法定许可：广播电台、电视台播放他人已发表的作品，可以不经著作权人许可，但应当按照规定支付报酬。

项目	注释

合理使用	合理使用是指根据法律规定，在下列情形下，使用作品可以不经著作权人许可，不向其支付报酬，但应当指明作者姓名或者名称、作品名称，并且不得影响该作品的正常使用，也不得不合理地损害著作权人的合法权益：
	  (1)为个人学习、研究或者欣赏，使用他人已经发表的作品。
	  (2)为介绍、评论某一作品或说明某一问题，在作品中适当引用他人已经发表的作品。
	  (3)为报道时事新闻，在报纸、电视台等媒体中不可避免地再现或者引用已经发表的作品。
	  (4)报纸、期刊、广播电台、电视台等媒体刊登或者播放其他同行业单位已经发表的关于政治、经济、宗教问题的时事性文章，但著作权人声明不许刊登、播放的除外。
	  (5)报纸、电视台等媒体刊登或播放在公众集会上发表的讲话，但作者声明不允许的除外。

第六章

项目	注释
合理使用	(6)为学校课堂教学或者科学研究,改编、汇编、播放或者少量复制已经发表的作品,供教学或者科研人员使用,但不得出版发行。 (7)国家机关为执行公务在合理范围内使用已经发表的作品。 (8)图书馆、档案馆、纪念馆、博物馆、文化馆等为陈列或保存版本的需要,复制本馆收藏的作品。 (9)免费表演已经发表的作品,该表演未向公众收取费用,也未向表演者支付报酬,且不以营利为目的。 (10)对设置或者陈列在公共场所的艺术作品进行临摹、绘画、摄影、录像。 (11)将中国公民、法人或者其他组织已经发表的以国家通用语言文字创作的作品翻译成少数民族语言文字作品在国内出版发行。 (12)以阅读障碍者能够感知的无障碍方式向其提供已经发表的作品。

项目	注释
法定许可	（1）法定许可是指根据法律明文规定，在特定情形下可以不经著作权人许可，但应当按照规定向著作权人支付报酬，指明作者姓名或者名称、作品名称，并且不得侵犯著作权人依照本法享有的其他权利。 （2）特定情形是指在教科书中汇编已经发表的作品片段或者短小的文字作品、音乐作品或者单幅的美术作品、摄影作品、图形作品。

第四节 著作权的保护

>> 核心考点 53：著作权的保护（考查频度：★★★★）

项目	注释
技术措施	（1）不得避开技术措施：①不得故意避开或者破坏技术措施。②不得以避开或者破坏技术措施为目的制造、进口或者向公众提供有关装置或者部件。③不得故意为他人避开或者破坏技术措施提供技术服务。

项目	注释
技术措施	（2）允许避开技术措施的情形：①为学校课堂教学或者科学研究，提供少量已经发表的作品，供教学或者科研人员使用，而该作品无法通过正常途径获取。②不以营利为目的，以阅读障碍者能够感知的无障碍方式向其提供已经发表的作品，而该作品无法通过正常途径获取。③国家机关依照行政、监察、司法程序执行公务。④对计算机及其系统或者网络的安全性能进行测试。⑤进行加密研究或者计算机软件反向工程研究。
侵权民事责任	（1）民事责任类型：存在侵权行为但未侵害公共利益的，侵权人应当根据情况，承担停止侵害、消除影响、赔礼道歉、赔偿损失等民事责任。 （2）侵权情形：①未经著作权人许可，发表其作品的。②未经合作作者许可，将与他人合作创作的作品当作自己单独创作的作品发表的。③没有参加创作，为谋取个人名利，在他人作品上署名的。④歪曲、篡改他人作品的。⑤剽窃他人作品的。⑥未经著作权人许可，以展览、摄制视听作品的方法使用作品，或者以改编、翻译、注释等方式

项目	注释
侵权民事责任	使用作品的,本法另有规定的除外。⑦使用他人作品,应当支付报酬而未支付的。⑧未经视听作品、计算机软件、录音录像制品的著作权人、表演者或者录音录像制作者许可,出租其作品或者录音录像制品的原件或者复制件的,本法另有规定的除外。⑨未经出版者许可,使用其出版的图书、期刊的版式设计的。⑩未经表演者许可,从现场直播或者公开传送其现场表演,或者录制其表演的。
民事赔偿数额的计算	(1)侵犯著作权或者与著作权有关的权利的,侵权人应当按照权利人因此受到的实际损失或者侵权人的违法所得给予赔偿。 (2)权利人的实际损失或者侵权人的违法所得难以计算的,可以参照该权利使用费给予赔偿。 (3)对故意侵犯著作权或者与著作权有关的权利,情节严重的,可以在按照上述方法确定数额的 1 倍以上 5 倍以下给予赔偿。 (4)权利人的实际损失、侵权人的违法所得、权利使用费难以计算的,由法院根据侵权行为的情节,判决给予 500 元以上 500 万元以下的赔偿。

第六章

项目	注释
民事赔偿数额的计算	(5)赔偿数额还应当包括权利人为制止侵权行为所支付的合理开支。
侵权行政责任	(1)侵权行为同时损害公共利益的,由主管著作权的部门责令停止侵权行为,予以警告,没收违法所得,没收、无害化销毁处理侵权复制品以及主要用于制作侵权复制品的材料、工具、设备等。 (2)违法经营额五万元以上的,可以并处违法经营额1倍以上5倍以下的罚款;没有违法经营额,违法经营额难以计算或者不足5万元的,可以并处25万元以下的罚款。 (3)侵权情形:①未经著作权人许可,复制、发行、表演、放映、广播、汇编、通过信息网络向公众传播其作品的,本法另有规定的除外。②出版他人享有专有出版权的图书的。③未经表演者许可,复制、发行录有其表演的录音录像制品,或者通过信息网络向公众传播其表演的,本法另有规定的除外。④未经录音录像制作者许可,复制、发行、通过信息网络向公众传播其制作的录音录像制品的,本法另有规

项目	注释
侵权行政责任	定的除外。⑤未经许可,播放、复制或者通过信息网络向公众传播广播、电视的,本法另有规定的除外。⑥未经著作权人或者与著作权有关的权利人许可,故意避开或者破坏技术措施的,故意制造、进口或者向他人提供主要用于避开、破坏技术措施的装置或者部件的,或者故意为他人避开或者破坏技术措施提供技术服务的,法律、行政法规另有规定的除外。⑦未经著作权人或者与著作权有关的权利人许可,故意删除或者改变作品、版式设计、表演、录音录像制品或者广播、电视上的权利管理信息的;知道或者应当知道作品、版式设计、表演、录音录像制品或者广播、电视上的权利管理信息未经许可被删除或者改变,仍然向公众提供的,法律、行政法规另有规定的除外。⑧制作、出售假冒他人署名的作品的。
侵权刑事责任	(1)侵犯著作权罪:以营利为目的,有下列侵犯著作权或者与著作权有关的权利的情形之一,违法所得数额较大或者有其他严重情节的,处3年以下有期徒刑,并处或者单处罚金;违法所得数额巨大或

项目	注释
侵权刑事责任	者有其他特别严重情节的,处 3 年以上 10 年以下有期徒刑,并处罚金。犯罪行为类型:①未经著作权人许可,复制发行、通过信息网络向公众传播其文字作品、音乐、美术、视听作品、计算机软件及法律、行政法规规定的其他作品的。②出版他人享有专有出版权的图书的。③未经录音录像制作者许可,复制发行、通过信息网络向公众传播其制作的录音录像的。④未经表演者许可,复制发行录有其表演的录音录像制品,或者通过信息网络向公众传播其表演的。⑤制作、出售假冒他人署名的美术作品的。⑥未经著作权人或者与著作权有关的权利人许可,故意避开或者破坏权利人为其作品、录音录像制品等采取的保护著作权或者与著作权有关的权利的技术措施的。 (2)销售侵权复制品罪:以营利为目的,销售明知是刑法规定的侵权复制品,违法所得数额巨大或者有其他严重情节的,处 5 年以下有期徒刑,并处或者单处罚金。

第五节　计算机软件著作权的特殊规定

核心考点 54：计算机软件著作权（考查频度：★）

项目	注释
权利的产生	（1）软件著作权自软件开发完成之日起产生，而不以软件登记为前提条件。 （2）软件登记机构发放的登记证明文件是登记事项的初步证明。
软件著作权的客体	（1）受计算机软件保护条例保护的软件必须由开发者独立开发，并已固定在某种有形物体上。 （2）计算机软件保护条例对软件著作权的保护不延及开发软件所用的思想、处理过程、操作方法或者数学概念等。 （3）本条例所称计算机软件，是指计算机程序及其有关文档。 （4）同一计算机程序的源程序和目标程序为同一作品。
软件著作权的内容	（1）人身权：①发表权，即决定软件是否公之于众的权利。②署名权，即表明开发者身份，在软件上署名的权利。③修改权，即对软件进行增补、删节，或改变指令、语句顺序的权利。

项目	注释
软件著作权的内容	(2)财产权:①复制权,即将软件制作一份或者多份的权利。②发行权,即以出售或赠与方式向公众提供软件的原件或者复制件的权利。③出租权,即有偿许可他人临时使用软件的权利,但是软件不是出租的主要标的的除外。④信息网络传播权,即以有线或者无线方式向公众提供软件,使公众可以在其个人选定的时间和地点获得软件的权利。⑤翻译权,即将原软件从一种自然语言文字转换成另一种自然语言文字的权利。
对软件著作的限制	(1)合法复制品所有人的权利:①为了防止复制品损坏而制作的备份复制品,不得通过任何方式提供给他人使用。②合法用户自行改进完善的,未经该软件著作权人许可,不得向任何第三方提供修改后的软件。 (2)为学习、研究目的的使用:为了学习和研究软件而使用软件的,可以不经软件著作权人许可,不向其支付报酬。

第六章

项目	注释
对软件著作的限制	(3)相似软件:软件开发者开发的软件,由于可供选用的表达方式有限而与已经存在的软件相似的,不构成对已经存在的软件的著作权的侵犯。 (4)不承担赔偿责任的使用:①软件的复制品持有人不知道也没有合理理由应当知道该软件是侵权复制品的,不承担赔偿责任;但是,应当停止使用、销毁该侵权复制品;②如果停止使用并销毁该侵权复制品将给复制品使用人造成重大损失的,复制品使用人可以在向软件著作权人支付合理费用后继续使用。

第六节　信息网络传播权的保护

>> **核心考点 55**:信息网络传播权的保护 (考查频度: ★)

项目	注释
主体及客体	(1)信息网络传播权的主体(权利人):①著作权人;②表演者;③录音录像制作者。

项目	注释
主体及客体	(2)信息网络传播权的客体:①作品;②表演;③录音录像制品。
避风港制度	(1)著作权行政管理部门为了查处侵犯信息网络传播权的行为,可以要求网络服务提供者提供涉嫌侵权的服务对象的姓名(名称)、联系方式、网络地址等资料。 (2)权利人认为网络服务提供者的服务所涉及的作品、表演、录音录像制品,侵犯自己的信息网络传播权或者被删除、改变了自己的权利管理电子信息的,可以向该网络服务提供者提交书面通知,要求网络服务提供者删除该作品、表演、录音录像制品,或断开与该作品、表演、录音录像制品的链接。 (3)网络服务提供者接到权利人的通知书后,应当立即删除涉嫌侵权的作品、表演、录音录像制品,或断开与涉嫌侵权的作品、表演、录音录像制品的链接,并同时将通知书转送提供作品、表演、录音录像制品的服务对象;服务对象网络地址不明、无法转送的,应当将通知书的内容同时在信息网络上公告。

项目	注释
避风港制度	（4）服务对象接到网络服务提供者转送的通知书后，认为其提供的作品、表演、录音录像制品未侵犯他人权利的，可以向网络服务提供者提交书面说明，要求恢复被删除的作品、表演、录音录像制品，或恢复与被断开的作品、表演、录音录像制品的链接。 （5）网络服务提供者接到服务对象的书面说明后，应当立即恢复被删除的作品、表演、录音录像制品，或可以恢复与被断开的作品、表演、录音录像制品的链接，同时将服务对象的书面说明转送权利人。 （6）权利人不得再通知网络服务提供者删除该作品、表演、录音录像制品，或者断开与该作品、表演、录音录像制品的链接。

第六章

第七章 《商标法》

第一节 注册商标专用权的客体和主体

>> **核心考点 56**：注册商标专用权的客体（考查频度：★★★★★）

项目	注释
注册商标客体	任何能够将自然人、法人或者其他组织的商品与他人的商品区别开的标志，包括文字、图形、字母、数字、三维标志、颜色组合和声音等，以及上述要素的组合。
不得作为商标使用（A10）	（1）情形：①同中华人民共和国的国家名称、国旗、国徽、国歌、军旗、军徽、军歌、勋章相同或者近似的，以及与中央国家机关的名称、标志、所在地特定地点的名称或者标志性建筑物的名称、图形相同的。②同外国的国家名称、国旗、国徽、军旗相同或者近似的，但该国政府同意的除外。③同政府间国际组织的名称、旗帜、徽记相同或近似的，但经该组织同意或者不易误导公众的除外。④与表明实施控

项目	注释
不得作为商标使用（A10）	制、予以保证的官方标志、检验印记相同或者近似的，但经授权的除外。⑤同"红十字"、"红新月"的名称、标志相同或者近似的。⑥带有民族歧视性的。⑦夸大宣传并带有欺骗性的。⑧有害于社会主义道德风尚或者有其他不良影响的。 (2)县级以上行政区划的地名或公众知晓的外国地名，不得作为商标；但是地名具有其他含义或者作为集体商标、证明商标组成部分的除外。 (3)已经注册的使用地名的商标继续有效。
不得作为商标注册（A11、A12）	(1)情形：①仅有本商品的通用名称、图形、型号的标志。②仅仅直接表示商品的质量、主要原料、功能、用途、重量、数量及其他特点的标志。③缺乏显著特征的标志。④不可避免的商品三维标志形状。 (2)不可避免的三维标志形状是指仅由商品自身的性质产生的形状，为获得技术效果而需有的商品形状或者使商品具有实质性价值的形状。

项目	注释
不得作为商标注册（A11、A12）	（3）前述所列标志经过使用取得显著特征，并便于识别的，可以作为商标注册。
注册商标的类型	（1）商品商标：商品商标是指商品生产者在自己生产或经营的商品上使用的商标。 （2）服务商标：服务商标是指用来将一个企业的服务与其他企业的服务区别开来的看得见的标志，如航空公司、银行、旅店等单位使用的标志，以及电台、电视台使用的呼号、符号等。 （3）集体商标：①集体商标是指工商业团体组织或其他行业性组织，依据共同制定的章程，注册并提供其成员使用的商标。②集体商标的作用是向消费者表明使用该商标的集体组织成员所生产的商品或提供的服务具有共同的特点，该商标的使用者是该集体组织的成员。

项目	注释
注册商标的类型	（4）证明商标：①证明商标是对于某种商品或者服务具有检测和监督能力的组织所注册的商标，用来证明该商品或者服务的原产地、原料、制造方法、质量、精确度或者其他特定品。②证明商标注册人对商标使用人的商品负有检测、监督和控制使用的责任，而注册人自己不得在其商品或服务上使用该证明商标。
地理标志	（1）地理标志是指标示某商品来源于某地区，该商品的特定质量、信誉或者其他特征，主要由该地区的自然因素或者人文因素所决定的标志。 （2）地理标志，可以依照规定，作为证明商标或者集体商标申请注册。 （3）商标中有商品的地理标志，而该商品并非来源于该标志所标示的地区，误导公众的，不予注册并禁止使用；但是，已经善意取得注册的继续有效。

第七章

项目	注释
申请主体	（1）一般主体：①中国的自然人、法人或者其他组织。②在中国有固定居所或营业所的外国人或外国企业。 （2）特殊主体：特殊主体是指在中国没有经常居所或者营业所的外国人或者外国企业。 （3）共同申请：①两个以上的申请主体可以共同向商标局申请注册同一商标，共同享有和行使该商标专用权。②共同申请注册同一商标或者办理其他共有商标事宜的，应当在申请书中指定一个代表人。
委托	（1）强制委托：特殊主体在中国申请商标注册和办理其他商标事宜的，应当委托依法设立的商标代理机构代理。 （2）非强制委托：一般主体在中国申请商标注册或者办理其他商标事宜，可以自行办理，也可以委托依法设立的商标代理机构办理。 （3）委托手续：当事人委托商标代理机构申请商标注册或办理其他商标事宜，应当提交代理委托书。

项目	注释
商标代理行为规范	（1）保密义务：商标代理机构及代理人对在代理过程中知悉的被代理人的商业秘密负有保密义务。 （2）告知义务：委托人申请注册的商标可能存在商标法规定不得注册情形的，商标代理机构应当明确告知委托人。 （3）不得接受委托：①不以使用为目的（A4）：申请人不以使用为目的的恶意商标注册申请。②恶意注册（A15）：未经授权，商标代理人或代表人不得以自己的名义将被代理人或者被代表人的商标进行注册。③恶意抢注（A32）：申请商标注册不得损害他人现有的在先权利，也不得以不正当手段抢先注册他人已经使用并有一定影响的商标。 （4）申请限制性规定：①商标代理机构除对其代理服务申请商标注册外不得申请注册其他商标。②不得以不正当手段扰乱商标代理市场秩序。

第七章

项目	注释
行政责任	(1)违法行为:①办理商标事宜过程中,伪造、变造或者使用伪造、变造的法律文件、印章、签名的。②以诋毁其他商标代理机构等手段招徕商标代理业务或者以其他不正当手段扰乱商标代理市场秩序的。③不以使用为目的的恶意商标注册申请(A4)。④商标代理机构明知属于禁止代理情形依然代理的(A19.3)。⑤商标代理机构除对其代理服务申请商标注册外,申请注册其他商标的(A19.4)。 (2)停止受理业务:①商标代理机构存在上述违法行为且情节严重的,国家知识产权局可以决定停止受理其办理商标代理业务,予以公告;②国家知识产权局可以依照规定,作出停止受理该商标代理机构商标代理业务6个月以上直至永久停止受理的决定。 (3)整改约谈:①申请人存在不以使用为目的的恶意商标注册申请(A4);②对违反本规定第四条(A4)的商标代理机构,由知识产权管理部门对其负责人进行整改约谈。

第二节　注册商标专用权的取得

>> 核心考点 59：商标注册的申请（考查频度：★★）

项目	注释
审查机关	（1）国家知识产权局商标局主管全国商标注册和管理的工作。 （2）国家知识产权局商标评审委员会，负责处理商标争议事宜。
一标多类	（1）商标注册申请人应当按规定的商品分类表填报使用商标的商品类别和商品名称。 （2）商品或者服务项目名称应当按照商品和服务分类表中的类别号、名称填写。 （3）商标注册申请人可以通过一份申请就多个类别的商品申请注册同一商标。
申请文件	（1）首次申请商标注册，申请人应当提交申请书、商标图样、证明文件并交纳申请费。 （2）申请商标注册，应当按照公布的商品和服务分类表填报。

项目	注释
申请文件	（3）每一件商标注册申请应当向商标局提交《商标注册申请书》1份、商标图样1份；以颜色组合或者着色图样申请商标注册的，应当提交着色图样，并提交黑白稿1份；不指定颜色的，应当提交黑白图样。 （4）商标注册申请等有关文件以纸质方式提出的，应当打字或者印刷。
申请日的确定	（1）商标注册申请等有关文件，可以以书面方式或者数据电文方式提出。 （2）商标注册的申请日期，以商标局收到申请文件的日期为准。
文件递交日的确定	（1）当事人向商标局提交文件或者材料的日期，直接递交的，以递交日为准。 （2）邮寄的，以寄出的邮戳日为准。 （3）通过邮政企业以外的快递企业递交的，以快递企业收寄日为准。

第七章

项目	注释
文件递交日的确定	(4)以数据电文方式提交的,以进入商标局或者商标评审委员会电子系统的日期为准。
要求优先权	(1)商标优先权:商标注册申请人自其商标在外国第一次提出商标注册申请之日起 6 个月内,又在中国就相同商品以同一商标提出商标注册申请的,依照该外国同中国签订的协议或者共同参加的国际条约,或按照相互承认优先权的原则,可以享有优先权。 (2)展会优先权:商标在中国政府主办的或者承认的国际展览会展出的商品上首次使用的,自该商品展出之日起 6 个月内,该商标的注册申请人可以享有优先权。 (3)要求优先权的手续:①申请人应当在提出商标注册申请的时候提出书面声明。②申请人的在后申请需在在先申请或展出之日起 6 个月内提出。③申请人应当自提出申请之日起 3 个月内提交在先申请文件的副本或展出证据。

项目	注释
先申请制＋先使用制	（1）两个或者两个以上的商标注册申请人，在同一种商品或者类似商品上，以相同或者近似的商标申请注册的，初步审定并公告申请在先的商标。 （2）同一天申请的，初步审定并公告使用在先的商标。 （3）同日申请且同日使用或均未使用：①协商：各申请人可以自收到商标局通知之日起 30 日内自行协商，并将书面协议报送商标局；②协商不成：不愿协商或者协商不成的，商标局通知各申请人以抽签的方式确定一个申请人，驳回其他人的注册申请；商标局已经通知但申请人未参加抽签的，视为放弃申请，商标局应当书面通知未参加抽签的申请人。
自愿注册	（1）自然人、法人或者其他组织在生产经营活动中，对其商品或者服务需要取得商标专用权的，应当向商标局申请商标注册。 （2）不以使用为目的的恶意商标注册申请，应当予以驳回。

项目	注释
自愿注册	(3)未经注册的商标,可以在生产服务中使用,但其使用人不享有专用权,无权禁止他人在同种或类似商品上使用与其商标相同或近似的商标,但驰名商标除外。
强制注册	(1)我国目前必须使用注册商标的商品有烟草制品,包括卷烟、雪茄烟和有包装的烟丝,未经核准注册的,不得在市场销售。 (2)使用未注册商标的烟草制品,禁止生产和销售;违反该强制注册规定的,由地方工商行政管理部门责令限期申请注册,违法经营额5万元以上的,可以处违法经营额20%以下罚款,没有违法经营额或违法经营额不足5万元的,可以处1万元以下的罚款。
授权条件	(1)实质条件:申请注册的商标,应当有显著特征,便于识别,并不得与他人在先取得的合法权利冲突。 (2)不得与他人在先权利相冲突:①未经授权,商标代理人或代表人不得以自己的名义将被代理人或被代表人的商标进行注册;被代理人提出异议的,不予注册并禁止使用。②申请商标注册不得损害

项目	注释
授权条件	他人现有的在先权利,也不得以不正当手段抢先注册他人已经使用并有一定影响的商标。③就同一种商品或者类似商品申请注册的商标与他人在先使用的未注册商标相同或者近似,申请人与该他人具有委托代理以外的合同、业务往来关系或者其他关系而明知该他人商标存在,该他人提出异议的,不予注册。
初步审定和公告	(1)商标局对受理的商标注册申请,依法应当在收到申请文件之日起 9 个月内审查完毕,对符合商标法规定的,予以初步审定公告。 (2)有异议:对初步审定的商标,自公告之日起 3 个月内,在先权利人、利害关系人认为违反申请注册的商标不符合法律规定的,可以向商标局提出异议。 (3)无异议:当事人对公告期满无异议的,予以核准注册,发给商标注册证并予公告。
驳回申请	(1)申请被驳回的情形:①申请注册的商标,不符合商标法有关规定。②申请注册的商标,同他人在同一种商品或类似商品上已经注册的或者初步审定的商标相同或近似。

项目	注释
驳回申请	(2)驳回后的复审(Ⅰ):①商标注册申请人不服的,可以自收到通知之日起 15 日内向商标评审委员会申请复审。②当事人对商标评审委员会的决定不服的,可以自收到通知之日起 30 日内向法院起诉。

>> 核心考点 61:商标注册的异议程序 (考查频度: ★★★★)

项目	注释
提出异议	(1)受理机关:国家知识产权局商标局。 (2)异议期限:对初步审定的商标,异议人应自公告之日起 3 个月内提出异议申请。 (3)提出异议的主体:①以商标注册申请违反商标法中的相对理由为异议理由的,只有在先权利人、利害关系人可以提出异议。②以商标注册申请违反商标法中的绝对理由为异议理由的,任何人均可提出异议。

项目	注释
异议理由	（1）异议相对理由：①商标法 A13.2（对未在中国注册的驰名商标的保护）；②商标法 A13.3（对已经在中国注册的驰名商标的保护）；③商标法 A15（利用职务、业务便利，恶意注册）；④商标法 A16.1（伪地理标志）；⑤商标法 A30（属于应当驳回的情形）；⑥商标法 A31（先申请制原则为主，先使用制原则为辅）；⑦商标法 A32（损害在先权利、恶意抢注）。 （2）异议绝对理由：①商标法 A4（不以使用为目的的申请）；②商标法 A10（不得作为商标使用）；③商标法 A11（不得作为商标注册）；④商标法 A12（不得作为商标注册的三维标志）；⑤商标法 A19.4（代理机构申请其他商标）。
异议不成立	（1）商标局做出准予注册决定的，发给商标注册证，并予公告。 （2）异议人不服的，可以依照商标法 A44（无效绝对理由）、A45（无效相对理由）的规定向商标评审委员会请求宣告该注册商标无效。 （3）经审查异议不成立而准予注册的商标，商标注册申请人取得商标专用权的时间自初步审定公告 3 个月期满之日起计算。

第七章

项目	注释
异议复审 （Ⅱ）	（1）商标局做出不予注册决定，被异议人不服的，可以自收到通知之日起 15 日内向商标评审委员会申请复审。 （2）被异议人对商标评审委员会的决定不服的，可以自收到通知之日起 30 日内向法院起诉，法院应当通知异议人作为第三人参加诉讼。

>> 核心考点 62：恶意商标注册 （新增知识点）

项目	注释
恶意注册 的情形	恶意注册存在的情形包括：①申请人不以使用为目的的恶意商标注册申请（A4）。②申请注册的商标是对未在中国注册的驰名商标进行复制、摹仿或者翻译的（A13.2）。③申请注册的商标是对已经中国注册的驰名商标进行复制、摹仿或者翻译的（A13.3）。④未经授权，商标代理人或代表人不得以自己的名义将被代理人或者被代表人的商标进行注册（A15.1）。⑤基于合同、业务往来关系或者其

项目	注释
恶意注册的情形	他关系明知他人在先使用的商标存在而申请注册该商标的(A15.2)。⑥申请商标注册损害他人现有的在先权利,或者以不正当手段抢先注册他人已经使用并有一定影响的商标的(A32)。⑦以欺骗或者其他不正当手段申请商标注册的。⑧其他违反诚实信用原则,违背公序良俗,或者有其他不良影响的。
对恶意注册行为的规制	(1)代理机构:商标代理机构知道或者应当知道属于商标法 A4、A15,A32 情形的,不得接受其委托。 (2)驳回申请:对申请注册的商标,商标注册部门发现属于违反商标法 A4 规定情形的,应当依法驳回,不予公告。 (3)提出异议:①对初步审定公告的商标,在公告期内,因属于恶意注册情形被提出异议的,商标注册部门经审查认为异议理由成立,应当依法作出不予注册决定。②对申请驳回复审和不予注册复审的商标,商标注册部门经审理认为属于恶意注册情形的,应当依法作出驳回或者不予注册的决定。

项目	注释
对恶意注册行为的规制	(4)宣告无效:①依申请:对已注册的商标,属于恶意注册情形,在法定期限内被提出宣告注册商标无效申请的,商标注册部门经审理认为宣告无效理由成立,应当依法作出宣告注册商标无效的裁定。②依职权:对已注册的商标,商标注册部门发现属于恶意注册情形的,应当依据商标法 A44 规定,宣告该注册商标无效。
法律责任	(1)恶意注册申请人:①对恶意申请商标注册的申请人,依据商标法 A68.4 的规定,由申请人所在地或者违法行为发生地县级以上市场监督管理部门根据情节给予警告、罚款等行政处罚。②有违法所得的,可以处违法所得 3 倍最高不超过 3 万元的罚款;没有违法所得的,可以处 1 万元以下的罚款。 (2)商标代理机构:①代理恶意注册商标申请的商标代理机构,依据商标法 A68 的规定,由行为人所在地或者违法行为发生地县级以上市场监督管理部门责令限期改正,给予警告,处 1 万元以上 10 万元以下的罚款。②对直接负责的主管人员和其他直接责任人员给予

项目	注释
法律责任	警告,处 5000 元以上 5 万元以下的罚款。③构成犯罪的,依法追究刑事责任;情节严重的,知识产权管理部门可以决定停止受理该商标代理机构办理商标代理业务,予以公告。④对代理恶意注册商标申请的商标代理机构,由知识产权管理部门对其负责人进行整改约谈。

>> 核心考点 63:商标国际注册 (新增知识点)

项目	注释
马德里体系	(1)根据《马德里协定》与《马德里议定书》建立的马德里联盟缔约方间的商标注册体系,即马德里体系。 (2)马德里体系由设在瑞士日内瓦的世界知识产权组织(WIPO)国际局管理,国际局也是马德里联盟的秘书处。
原属国	《马德里议定书》规定可以从申请人设有真实有效的工商营业场所的缔约方、申请人住所所在缔约方或申请人国籍所在缔约方中任选其一作为其原属国。

项目	注释
原属局	指原属国负责商标注册的主管机关。我国原属局是国家知识产权局。
基础注册	在原属局获得的国内商标注册。
基础申请	指向原属局提交的商标国内注册申请。
国际注册证	由国际局颁发给马德里商标申请人的证书，证明商标国际注册申请符合形式要件的要求，已由国际局登记在案并转发给被指定缔约方进行进一步审查。
优先权	如果商标申请人在向其原属局提交商标申请的 6 个月之内提交了国际注册申请，该国际专利申请即享有优先权。
中心打击	（1）中心打击是指自国际注册之日起 5 年内，国际注册与其基础申请或基础注册之间存在依附关系，在此期间，若某国际注册的基础注册被注销或宣布无效，其基础申请被驳回，那么该国际注册在所有被指定缔约方都不再予以保护。 （2）中心打击的救济方式为：将国际注册转换为国家或地区注册。

项目	注释
被指定缔约方	(1)驳回:指被指定缔约方主管局经实质审查,认为领土延伸申请违反了被指定缔约方有关的法律规定,对该领土延伸申请的商标作出不予保护的决定。 (2)保护:指被指定缔约方主管局经实质审查,对符合本国法律的领土延伸申请的商标给予保护。
商标国际注册的申请	申请人的资格:申请人应当在中国设有真实有效的工商营业场所,或者申请人在中国设有住所,或者申请人具有中国国籍。 申请语言:目前我国只接受法语和英语两种语言的申请。
受理及文件传递	(1)国家知识产权局对国内企业提交的国际注册申请仅进行形式审查,不进行实质审查。 (2)国家知识产权局认为申请书填写无误或者经补正符合要求的,向申请人寄发缴费通知单;申请人未在规定时间内缴费的,视为放弃申请。 (3)国家知识产权局将形式审查合格的国际注册外文申请书递交国际局。

第七章

项目	注释
国际局的工作	(1)国际局对商标国际注册申请只进行形式审查。 (2)对形式审查合格的,国际局在国际注册簿上进行登记并颁发国际注册证。 (3)商标国际注册的有效期为 10 年,自国际注册之日起计算。
国际注册领土延伸的审查	(1)主管局的审查与核准:①对于符合法律规定的商标,被指定缔约方给予保护,并向国际局发出核准保护的声明。②对于不符合被指定缔约方法律规定的申请,被指定缔约方主管局有权予以驳回。③对不符合被指定缔约方法律规定的国际注册领土延伸申请,被指定缔约方主管局应该向国际局发送驳回通知书。④国际局收到驳回通知书后,在其注册簿上登记、予以公告,并将通知书转发给申请人或者其代理人,而不是通过原属局转发给申请人。 (2)期限要求:①驳回通知书应在规定的期限内发送给国际局。②《马德里协定》缔约方主管局行使驳回权利的期限为 12 个月;《马德里议定书》缔约方主管局行使驳回权利的期限是 18 个月。

第七章

第三节　注册商标专用权的实施

>> 核心考点 **64**：注册商标专用权的有效期 （考查频度：★★★）

项目	注释
注册商标的有效期	注册商标的有效期为 10 年，自核准注册之日起计算。
期满续展	(1)注册商标有效期满，需要继续使用的，应当在期满前 12 个月内按照规定办理续展手续。 (2)在法定办理续展期间未能办理的，可以给予 6 个月的宽展期。 (3)每次续展注册的有效期为 10 年，自该商标上一届有效期满次日起计算。 商标局应当对续展注册的商标予以公告。
被动注销	(1)宽展期满仍未办理续展手续的，注销其注册商标。 (2)注册商标期满不再续展的，自注销之日起 1 年内，商标局对与该商标相同或者近似的商标注册申请，不予核准。

项目	注释
商标专用权的内容	（1）保护范围：注册商标的专用权，以核准注册的商标和核定使用的商品为限。 （2）使用权：①商标权主体对其注册商标依法享有的自己在指定商品或服务项目上独占使用的权利。②注册商标的专用权，以核准注册的商标和核定使用的商品为限。 （3）标注权：①商标注册人使用注册商标，有权标明"注册商标"字样或者注册标记。②注册标记包括®和一个内部有汉字"注"的圆圈；使用注册标记，应当标注在商标的右上角或者右下角。③注册商标人可以将商标用于商品、商品包装或者容器以及商品交易文书上，或者将商标用于广告宣传、展览以及其他商业活动中，用于识别商品来源。 （4）转让权：商标权人依法享有的将其注册商标依法定程序和条件，转让给他人的权利。

第七章

项目	注释
商标专用权的内容	(5)许可使用权:①商标权人可以通过签订商标使用许可合同,许可他人使用其注册商标。②商标使用许可的类型有独占使用许可、排他使用许可、普通使用许可。 (6)出质权:以注册商标专用权出质的,出质人与质权人应当签订书面质权合同,并共同向商标局提出质权登记申请,由商标局公告。
注册商标的转让	(1)转让手续:①转让注册商标的,转让人和受让人应当签订转让协议,并共同向商标局提出申请。②转让注册商标的,转让人和受让人应当向商标局提交转让注册商标申请书。③转让注册商标申请手续应当由转让人和受让人共同办理。 (2)双方的权利义务:①转让注册商标的,商标注册人对其在同一种商品上注册的近似的商标,或者在类似商品上注册的相同或者近似的商标,应当一并转让。②未一并转让的,由商标局通知其限期改正;期满不改正的,视为放弃转让该注册商标的申请,商标局应当书面通知申请人。③受让人应当保证使用该注册商标的商品质量。

项目	注释
注册商标的转让	(3)核准公告:转让注册商标经核准后,发给受让人相应证明,予以公告;受让人自公告之日起享有商标专用权。
注册商标的使用许可	(1)许可备案:①许可他人使用其注册商标的,许可人应当将其商标使用权许可报商标局备案,由商标局公告。②商标使用许可未经备案不得对抗善意第三人。 (2)双方义务:①许可人应当监督被许可人使用其注册商标的商品质量。②被许可人应当保证使用该注册商标的商品质量。被许可人必须在使用该注册商标的商品上标明被许可人的名称和商品产地。

第七章

▷▷ 核心考点 66:注册商标的无效宣告 (考查频度: ★★★★)

项目	注释
客体	无效宣告的客体为已经获得批准注册的商标。
依职权宣告无效	(1)国家知识产权局商标局可以依职权宣告注册商标无效。

项目	注释
依职权宣告无效	(2)程序:①商标局做出宣告注册商标无效的决定,应当书面通知当事人。②无效复审(Ⅲ):当事人对商标局的决定不服的,可以自收到通知之日起 15 日内向商标评审委员会申请复审。③复审审理:商标评审委员会应当针对商标局的决定和申请人申请复审的事实、理由及请求进行审理。④对复审决定的救济:当事人对商标评审委员会的决定不服的,可以自收到通知之日起 30 日内向法院起诉。
以绝对理由宣告无效	(1)任何其他单位或者个人认为注册商标存在绝对无效理由的,可以请求商标评审委员会宣告该注册商标无效。 (2)无效宣告的绝对理由:①商标法 A4(不以使用为目的的申请);②商标法 A10(不得作为商标使用);③商标法 A11(不得作为商标注册);④商标法 A12(不得作为商标注册的三维标志);⑤商标法 A19.4(代理机构申请其他商标);⑥以欺骗手段或者其他不正当手段取得注册的。

第七章

项目	注释
以绝对理由宣告无效	(3)程序:①任何其他单位或者个人认为注册商标存在绝对无效理由的,可以请求商标评审委员会宣告该注册商标无效。②商标评审委员会收到申请后,应当书面通知有关当事人,并限期提出答辩。③商标评审委员会根据当事人的请求或实际需要,可以决定对评审申请进行口头审理。④当事人对商标评审委员会的裁定不服的,可以自收到通知之日起 30 日内向法院起诉;法院应当通知商标裁定程序的对方当事人作为第三人参加诉讼。
以相对理由宣告无效	(1)在先权利人或利害关系人可以请求商标评审委员会宣告该注册商标无效。 (2)无效宣告的相对理由:①商标法 A13.2(对未在中国注册的驰名商标的保护);②商标法 A13.3(对已经在中国注册的驰名商标的保护);③商标法 A15(利用职务、业务便利,恶意注册);④商标法 A16.1(伪地理标志);⑤商标法 A30(属于应当驳回的情形);⑥商标法 A31(先申请制原则为主,先使用制原则为辅);⑦商标法 A32(损害在先权利、恶意抢注)。

项目	注释
以相对理由宣告无效	（3）程序：①自商标注册之日起5年内，在先权利人或者利害关系人可以请求商标评审委员会宣告该注册商标无效；对恶意注册的，驰名商标所有人不受5年的时间限制。②当事人对商评委的裁定不服的，可以自收到通知之日起30日内向法院起诉；法院应当通知商标裁定程序的对方当事人作为第三人参加诉讼。
被无效的法律效力	（1）商标局、商标评审委员会宣告注册商标无效，宣告无效的理由仅及于部分指定商品的，对在该部分指定商品上使用的商标注册予以宣告无效。 （2）注册商标被宣告无效的，由商标局予以公告，该注册商标专用权视为自始即不存在。 （3）对在无效前法院作出并已执行的商标侵权案件的判决、裁定、调解书，不具有追溯力。 （4）对工商行政管理部门作出并已经履行的商标侵权案件的处理决定不具有追溯力。

第七章

项目	注释
被无效的 法律效力	(5)对已经履行的商标转让或使用许可合同,不具有追溯力;但是,因商标注册人恶意给他人造成的损失,应当给予赔偿。 (6)对于不返还商标侵权赔偿金、商标转让费、商标使用费、明显违反公平原则的,应当全部或者部分返还。

>> 核心考点 67:商标的管理 (考查频度：★★★★)

项目	注释
商标 注册证	(1)《商标注册证》遗失或破损的,应向商标局申请补发《商标注册证》。 (2)伪造或者变造《商标注册证》或者其他商标证明文件的,依法追究刑事责任。
注册商标 的变更	(1)注册商标需要申请人变更其名义、地址、代理人、文件接收人、删减指定的商品的或者其他注册事项的,应当向商标局提出变更申请,提交变更申请书。

项目	注释
注册商标的变更	(2)商标注册人在使用注册商标的过程中,自行改变注册商标、注册人名义、地址或者其他注册事项的,由地方工商行政管理部门责令限期改正;期满不改正的,由商标局撤销其注册商标。
未注册商标的使用	(1)将未注册商标冒充注册商标使用的,或使用未注册商标违反商标法 A10 规定的,由地方工商行政管理部门予以制止,限期改正,并予以通报。 (2)违法经营额 5 万元以上的,可以处违法经营额 20% 以下的罚款,没有违法经营额或者违法经营额不足 5 万元的,可以处 1 万元以下的罚款。
注册商标的撤销	(1)请求人和受理机关:任何单位或者个人均可以向商标局提出撤销申请。 (2)撤销事由及程序:①成为通用名称:注册商标成为了其核定使用的商品的通用名称,丧失了显著性。②连续 3 年不使用:以无正当理由连续 3 年不使用为由申请撤销注册商标的,应当自该注册商标注册公告之日起满 3 年后提出申请。

项目	注释
注册商标的撤销	（3）撤销复审（Ⅳ）：①对商标局撤销或者不予撤销注册商标的决定，当事人不服的，可以自收到通知之日起 15 日内向商标评审委员会申请复审。②当事人不服的，可以自收到通知之日起 30 日内向法院起诉。 （4）法律效力：①法定期限届满，当事人对商标局做出的撤销注册商标的决定不申请复审的，撤销注册商标的决定生效。②被撤销的注册商标，由商标局予以公告，该注册商标自公告之日起终止。③注册商标被撤销的，自撤销之日起 1 年内，商标局对与该商标相同或者近似的商标注册申请，不予核准。

第四节　注册商标专用权的保护

>> **核心考点 68**：注册商标专用权的保护 （考查频度：★★★★★）

项目	注释
侵权行为	（1）假冒侵权：未经商标注册人的许可，在同一种商品上使用与其注册商标相同的商标的。

项目	注释
侵权行为	(2)仿冒侵权:未经商标注册人的许可,在同一种商品上使用与其注册商标近似的商标,或者在类似商品上使用与其注册商标相同或者近似的商标,容易导致混淆的。 (3)销售侵权商品:侵权行为的主体是商品经销商,不管行为人主观上是否有过错,只要实施了销售侵犯注册商标专用权的商品的行为,都构成侵权。 (4)标识侵权:伪造、擅自制造他人注册商标标识或者销售伪造、擅自制造的注册商标标识。 (5)反向假冒侵权:未经商标注册人同意,更换其注册商标并将该更换商标的商品又投入市场。 (6)帮助侵权:故意为侵犯他人注册商标专用权行为提供便利条件,帮助他人实施侵犯商标专用权行为。
权利限制	(1)合理使用:①注册商标中含有本商品的通用名称、图形、型号,或者直接标示商品的质量、主要原料、功能、用途、重量、数量及其他特点或者含有地名,注册商标专用权人无权禁止他人正当使用。

项目	注释
权利限制	②三维标志注册商标中含有的商品自身的性质产生的形状、为获得技术效果而需有的商品形状或者使商品具有实质性价值的形状,注册商标专用权人无权禁止他人正当使用。 （2）先用权:①先用条件:使用人使用其商标的时间早于注册商标专用权人的申请日;使用人使用的商标与注册商标相同或近似,并且有一定影响;使用人使用商标的范围与注册商标人注册的范围为同一商品或类似商品。②权利限制:注册商标专用权人无权禁止该使用人在原使用范围内继续使用该商标,但可以要求其附加适当区别标识。 （3）侵权不赔偿:①注册商标专用权人请求赔偿,被控侵权人以注册商标专用权人未使用注册商标提出抗辩的,法院可以要求注册商标专用权人提供此前 3 年内实际使用该注册商标的证据。②注册商标专用权人不能证明此前 3 年内实际使用过该注册商标,也不能证明因侵权行为受到其他损失的,被控侵权人不承担赔偿责任。

项目	注释
权利限制	（4）善意侵权：①销售不知道是侵犯注册商标专用权的商品，能证明该商品是自己合法取得并说明提供者的，由工商行政管理部门责令停止销售。②销售不知道是侵犯注册商标专用权的商品，能证明该商品是自己合法取得并说明提供者的，不承担赔偿责任。
纠纷解决方式	（1）侵犯注册商标专用权的，当事人双方可以协商解决。 （2）不愿意协商或协商不成的，商标注册人或利害关系人可以请求工商行政管理部门就侵犯商标专用权的赔偿数额进行调解。 （3）当事人未达成协议或者调解书生效后不履行的，当事人可以依照民事诉讼法向法院起诉。
行政责任	（1）工商行政管理部门处理时，认定侵权行为成立的，责令立即停止侵权行为，没收、销毁侵权商品和主要用于制造侵权商品、伪造注册商标标识的工具。 （2）违法经营额 5 万元以上的，可以处违法经营额 5 倍以下的罚款；没有违法经营额或者违法经营额不足 5 万元的，可以处 25 万元以下的罚款。

项目	注释
行政责任	(3)对 5 年内实施两次以上商标侵权行为或有其他严重情节的,应当从重处罚。
民事赔偿责任	(1)侵犯商标专用权的赔偿数额,按照权利人因被侵权所受到的实际损失确定。 (2)实际损失难以确定的,可按照侵权人因侵权所获得的利益确定。 (3)权利人的损失或者侵权人获得的利益难以确定的,参照该商标许可使用费的倍数合理确定。 (4)惩罚性赔偿:对恶意侵犯商标专用权,情节严重的,可以按照上述方法确定数额的 1 倍以上 5 倍以下确定赔偿数额。 (5)权利人因被侵权所受到的实际损失、侵权人因侵权所获得的利益、注册商标许可使用费难以确定的,由法院根据侵权行为的情节判决给予 500 万元以下的赔偿。 (6)赔偿数额应当包括权利人为制止侵权行为所支付的合理开支。

项目	注释
刑事责任	（1）假冒注册商标罪：未经注册商标所有人许可，在同一种商品、服务上使用与其注册商标相同的商标，情节严重的，处 3 年以下有期徒刑，并处或者单处罚金；情节特别严重的，处 3 年以上 10 年以下有期徒刑，并处罚金。 （2）销售假冒注册商标的商品罪：销售明知是假冒注册商标的商品，违法所得数额较大或者有其他严重情节的，处 3 年以下有期徒刑，并处或者单处罚金；违法所得数额巨大或者有其他特别严重情节的，处 3 年以上 10 年以下有期徒刑，并处罚金。 （3）伪造、擅自制造他人注册商标标识或者销售伪造、擅自制造的注册商标标识罪：伪造、擅自制造他人注册商标标识或者销售伪造、擅自制造的注册商标标识，情节严重的，处 3 年以下有期徒刑，并处或者单处罚金；情节特别严重的，处 3 年以上 10 年以下有期徒刑，并处罚金。

项目	注释
驰名商标的认定	（1）有权认定的机构：①受理商标侵权纠纷的法院；②依法处理相关纠纷的商标局；③依法处理纠纷的商标评审委员会。 （2）被动认定：被动认定是指只能基于纠纷当事人的申请才能认定驰名商标，法院、商标局或商标评审委员会均不得主动依职权认定。 （3）个案认定：个案认定是指只能在发生纠纷的个案中，商标是否驰名对争议的解决具有直接意义时才能依照法律标准进行审查认定。
认定驰名商标应考虑的因素	（1）相关公众对该商标的知晓程度。 （2）该商标使用的持续时间。 （3）该商标的任何宣传工作的持续时间、程度和地理范围。 （4）该商标作为驰名商标受保护的记录。 （5）该商标驰名的其他因素。
对国际驰名商标的保护	（1）（商标法 A13.2）就相同或者类似商品申请注册的商标是复制、摹仿或者翻译他人未在中国注册的驰名商标，容易导致混淆的，不予注册并禁止使用。

第七章

项目	注释
对国际驰名商标的保护	(2)(商标法 A13.3)就不相同或者不相类似商品申请注册的商标是复制、摹仿或者翻译他人已经在中国注册的驰名商标,误导公众,致使该驰名商标注册人的利益可能受到损害的,不予注册并禁止使用。
"驰名商标"的使用限制	(1)生产、经营者不得将"驰名商标"字样用于商品、商品包装或者容器上,或者用于广告宣传、展览以及其他商业活动中。 (2)违反上述规定的,由地方工商行政管理部门责令改正,处 10 万元罚款。

第七章

第八章 《反不正当竞争法》

>> 核心考点 70：不正当竞争行为（考查频度：★）

项目	注释
商业混淆 行为	（1）擅自使用与他人有一定影响的商品名称、包装、装潢等相同或者近似的标识。 （2）擅自使用他人有一定影响的企业名称（包括简称、字号等）、社会组织名称（包括简称等）、姓名（包括笔名、艺名、译名等）。 （3）擅自使用他人有一定影响的域名主体部分、网站名称、网页等。
虚假宣传 行为	经营者不得对其商品的性能、功能、质量、销售状况、用户评价、曾获荣誉等作虚假或者引人误解的商业宣传，欺骗、误导消费者。
不正当 有奖 销售行为	（1）所设奖的种类、兑奖条件、奖金金额或奖品等有奖销售信息不明确，影响兑奖。 （2）采用谎称有奖或者故意让内定人员中奖的欺骗方式进行有奖销售。 （3）抽奖式的有奖销售，最高奖的金额超过五万元。

项目	注释
诋毁商誉行为	经营者不得编造、传播虚假信息或者误导性信息,损害竞争对手的商业信誉、商品声誉。
商业贿赂行为	(1)经营者不得采用财物或其他手段贿赂单位或者个人,以谋取交易机会或竞争优势。贿赂对象包括:①交易相对方的工作人员;②受交易相对方委托办理相关事务的单位或者个人;③利用职权或者影响力影响交易的单位或者个人。 (2)经营者在交易活动中,可以明示方式向交易相对方支付折扣,或向中间人支付佣金,经营者向交易相对方支付折扣、向中间人支付佣金的,应当如实入账;接受折扣、佣金的经营者也应当如实入账。
互联网不正当竞争行为	(1)经营者不得利用技术手段,通过影响用户选择或者其他方式,实施妨碍、破坏其他经营者合提供的网络产品或服务正常运行的行为。 (2)行为类型包括:①未经其他经营者同意,在其合法提供的网络产品或者服务中,插入链接、强制进行目标跳转;②误导、欺骗、强迫

项目	注释
互联网不正当竞争行为	用户修改、关闭、卸载其他经营者合法提供的网络产品或者服务；③恶意对其他经营者合法提供的网络产品或服务实施不兼容；④其他妨碍、破坏其他经营者合法提供的网络产品或服务正常运行的行为。

>> 核心考点 71：侵犯商业秘密（考查频度：★★★★★）

项目	注释
商业秘密的构成要件	（1）概念：商业秘密，是指不为公众所知悉、具有商业价值并经权利人采取相应保密措施的技术信息和经营信息。 （2）构成要件：①秘密性："不为公众所知悉"，是指有关信息不为其所属领域的相关人员普遍知悉和容易获得。②商业价值性：主张作为商业秘密保护的信息具有商业价值。③采取保密措施：为防止信息泄露，信息所有人应当采用了与其商业价值等具体情况相适应的合理保护措施。

第八章

项目	注释
商业秘密的构成要件	(3)内容：①技术信息：包括设计图纸(含草图)、试验结果、试验记录、制作工艺、制作方法、配方、样品、计算机程序等。②经营信息：包括管理诀窍、客户名单、货源情报、产销策略、金融信息、招投标中的标的及标书内容等。
侵犯商业秘密的行为	(1)直接侵犯商业秘密的行为：①以盗窃、贿赂、欺诈、胁迫或者其他不正当手段获取权利人的商业秘密。②披露、使用或者允许他人使用以前项手段获取的权利人的商业秘密。③违反约定或者违反权利人有关保守商业秘密的要求，披露、使用或者允许他人使用其所掌握的商业秘密。 (2)间接侵犯商业秘密的行为：第三人明知或者应知商业秘密权利人的员工、前员工或其他单位、个人实施了直接侵犯商业秘密的违法行为，仍获取、披露、使用或允许他人使用该商业秘密的，视为侵犯商业秘密。

项目	注释
侵犯商业秘密的行为	(3)不属于侵犯商业秘密的行为:①通过自行开发研制或者反向工程等方式获得的商业秘密,不认定为反不正当竞争法规定的侵犯商业秘密行为。②反向工程,是指通过技术手段对从公开渠道取得的产品进行拆卸、测绘、分析等而获得该产品的有关技术信息。③当事人以不正当手段知悉了他人的商业秘密之后,又以反向工程为由主张获取行为合法的,不予支持。
侵权民事责任	(1)因不正当竞争行为受到损害的经营者的赔偿数额,按照其因被侵权所受到的实际损失确定;实际损失难以计算的,按照侵权人因侵权所获得的利益确定。 (2)经营者恶意实施侵犯商业秘密行为,情节严重的,可以在按照上述方法确定数额的 1 倍以上 5 倍以下确定赔偿数额。 (3)赔偿数额还应当包括经营者为制止侵权行为所支付的合理开支。 (4)经营者实施了侵犯商业秘密行为,权利人因被侵权所受到的实际损失、侵权人因侵权所获得的利益难以确定的,由法院根据侵权行为的情节判决给予权利人 300 万元以下的赔偿。

第八章

项目	注释
侵权 行政责任	经营者实施侵犯商业秘密行为的,由监督检查部门责令停止违法行为,处 10 万元以上 50 万元以下的罚款;情节严重的,处 50 万元以上 300 万元以下的罚款。
侵权 刑事责任	(1)侵犯商业秘密罪:有下列侵犯商业秘密行为之一,情节严重的,处 3 年以下有期徒刑,并处或者单处罚金;情节特别严重的,处 3 年以上 10 年以下有期徒刑,并处罚金:①以盗窃、贿赂、欺诈、胁迫、电子侵入或者其他不正当手段获取权利人的商业秘密的;②披露、使用或者允许他人使用以前项手段获取的权利人的商业秘密的;③违反保密义务或者违反权利人有关保守商业秘密的要求,披露、使用或者允许他人使用其所掌握的商业秘密的;④明知前款所列行为,获取、披露、使用或者允许他人使用该商业秘密的,以侵犯商业秘密论。 　　(2)为境外刺探商业秘密罪:为境外的机构、组织、人员窃取、刺探、收买、非法提供商业秘密的,处 5 年以下有期徒刑,并处或者单处罚金;情节严重的,处 5 年以上有期徒刑,并处罚金。

>> 核心考点 **72**：品种权的主体与保护客体（考查频度：★★）

项目	注释
品种权的主体	（1）一般主体：①中国的单位和个人申请品种权的，可以直接或者委托代理机构向审批机关提出申请。②中国的单位和个人申请品种权的植物新品种涉及国家安全或者重大利益需要保密的，应当按照国家有关规定办理。③外国人、外国企业或者外国其他组织在中国申请品种权的，应当按其所属国和中华人民共和国签订的协议或者共同参加的国际条约办理，或者根据互惠原则，依照本条例办理。 （2）职务育种、非职务育种：①执行本单位的任务或者主要是利用本单位的物质条件所完成的职务育种，植物新品种的申请权属于该单位。②非职务育种，植物新品种的申请权属于完成育种的个人；申请被批准后，品种权属于申请人。

项目	注释
品种权的主体	（3）委托、合作育种：①委托育种或者合作育种，品种权的归属由当事人在合同中约定。②没有合同约定的，品种权属于受委托完成或者共同完成育种的单位或者个人。
品种权的客体	植物新品种是指经过人工培育的或者对发现的野生植物加以开发，具备新颖性、特异性、一致性和稳定性并有适当命名的植物品种。

>> **核心考点 73**：品种权的取得和内容（考查频度：★★★★★）

项目	注释
先申请制＋先完成制	（1）两个以上的申请人分别就同一个植物新品种申请品种权的，品种权授予最先申请的人。 （2）同时申请的，品种权授予最先完成该植物新品种育种的人。
品种权的申请	（1）申请文件：①请求书；②说明书；③所申请品种的照片。 （2）申请语言：申请文件应当使用中文书写。

第九章

项目	注释
品种权的申请	(3)申请日的确定:①审批机关收到品种权申请文件之日为申请日;②申请文件是邮寄的,以寄出的邮戳日为申请日。
授予品种权的条件	(1)品种属性:申请品种权的植物新品种应当属于国家植物品种保护名录中列举的植物的属或者种。 (2)新颖性:①授予品种权的植物新品种应当具备新颖性。②新颖性是指申请品种权的植物新品种在申请日前该品种繁殖材料未被销售;或者经育种者许可,在中国境内销售该品种繁殖材料未超过1年;在中国境外销售藤本植物、林木、果树和观赏树木品种繁殖材料未超过6年;在中国境外销售其他植物品种繁殖材料未超过4年。 (3)特异性:①授予品种权的植物新品种应当具备特异性。②特异性是指申请品种权的植物新品种应当明显区别于在递交申请以前已知的植物品种。 (4)一致性:①授予品种权的植物新品种应当具备一致性。②一致性是指申请品种权的植物新品种经过繁殖,除可以预见的变异外,其相关的特征或者特性一致。

第九章

项目	注释
授予品种权的条件	(5)稳定性:①授予品种权的植物新品种应当具备稳定性。②稳定性是指申请品种权的植物新品种经过反复繁殖后或者在特定繁殖周期结束时,其相关的特征或者特性保持不变。 (6)适当的名称:①授予品种权的植物新品种应当具备适当的名称,并与相同或相近的植物属或者种中已知品种的名称相区别。②不得用于品种命名的:仅以数字组成的;违反社会公德的;对植物新品种的特征、特性或者育种者的身份等容易引起误解的。
品种权的审查和批准	(1)初步审查的内容:①是否属于植物品种保护名录列举的植物属或种的范围;②是否属于合格的申请主体;③是否符合新颖性的规定;④植物新品种的命名是否适当。 (2)实质审查:①申请人按照规定缴纳审查费后,审批机关对品种权申请的特异性、一致性和稳定性进行实质审查。②未按照规定缴纳审查费的,品种权申请视为撤回。 (3)申请的驳回:对经初步审查不合格的品种权申请,审批机关应当通知申请人在 3 个月内陈述意见或者予以修正,逾期未答复或者

项目	注释
品种权的审查和批准	修正后仍然不合格的,驳回申请。 (4)品种权的授予:对经实质审查符合本条例规定的品种权申请,审批机关应当作出授予品种权的决定,颁发品种权证书,并予以登记和公告。 (5)复审程序:①对审批机关驳回品种权申请的决定不服的,申请人可以自收到通知之日起3个月内,向植物新品种复审委员会请求复审。②申请人对复审决定不服的,可以自接到通知之日起15日内向法院提起诉讼。
品种权的保护期限及届满前终止	(1)品种权的保护期限,自授权之日起,藤本植物、林木、果树和观赏树木为20年;其他植物为15年。 (2)品种权期限届满前终止的情形:①品种权人以书面声明放弃品种权的;②品种权人未按照规定缴纳年费的;③品种权人未按照审批机关的要求提供检测所需的该授权品种的繁殖材料的;④经检测该授权品种不再符合被授予品种权时的特征和特性的。

项目	注释
无效宣告	（1）申请无效宣告的主体：①依职权：复审委员会；②依申请：任何单位或者个人。 （2）宣告无效的机构：植物新品种复审委员会。 （3）无效宣告的理由：①缺乏新颖性。②缺乏特异性。③缺乏一致性。④缺乏稳定性。 （4）无效宣告决定：①宣告品种权无效或者要求更名的决定，由审批机关登记和公告，并通知当事人。②被宣告无效的品种权视为自始不存在。③当事人可以自收到通知之日起 3 个月内向法院提起诉讼。
权利的限制	在下列情况下使用授权品种的，可以不经品种权人许可，不向其支付使用费，但是不得侵犯品种权人依照本条例享有的其他权利：①利用授权品种进行育种及其他科研活动；②农民自繁自用授权品种的繁殖材料。

项目	注释
侵犯品种权的行为	（1）未经品种权人许可，以商业目的生产或者销售授权品种的繁殖材料的。 （2）未经品种权人许可，为商业目的将该授权品种的繁殖材料重复使用于生产另一品种的繁殖材料的。
纠纷解决途径	（1）侵权纠纷：品种权人或者利害关系人可以请求省级以上人民政府农业、林业行政部门依据各自的职权进行处理，也可以直接向法院提起诉讼。 （2）权属纠纷：当事人就植物新品种的申请权和品种权的权属发生争议的，可以向法院提起诉讼。

第十章 《集成电路布图设计保护条例》

核心考点 75：布图设计专用权的主体与保护客体 （考查频度：★★）

项目	注释
布图设计专有权的保护客体	（1）集成电路布图设计，是指集成电路中至少有一个是有源元件的两个以上元件和部分或全部互联线路的三维配置，或为制造集成电路而准备的上述三维配置。 （2）不延及思想、处理过程、操作方法或者数学概念等。 （3）商业利用，是指为商业目的进口、销售或以其他方式提供受保护的布图设计、含有该布图设计的集成电路或者含有该集成电路的物品的行为。 （4）布图设计专有权经国务院知识产权行政部门登记产生；未经登记的布图设计不受本条例保护。
布图设计专有权的主体	（1）中国自然人、法人或者其他组织创作的布图设计，依照集成电路布图设计保护条例享有布图设计专有权。

项目	注释
布图设计专有权的主体	（2）外国人创作的布图设计首先在中国境内投入商业利用的，依照集成电路布图设计保护条例享有布图设计专有权。 （3）外国人创作的布图设计，其创作者所属国同中国签订有关布图设计保护协议或者与中国共同参加有关布图设计保护国际条约的，享有布图设计专有权。
专有权人的确定	（1）创作者：布图设计专有权属于布图设计创作者，集成电路布图设计保护条例另有规定的除外。 （2）职务布图设计：由法人或者其他组织主持，依据法人或者其他组织的意志而创作，并由法人或者其他组织承担责任的布图设计，该法人或者其他组织是创作者。 （3）合作布图设计：两个以上自然人、法人或者其他组织合作创作的布图设计，其专有权的归属由合作者约定；未作约定或者约定不明的，其专有权由合作者共同享有。 （4）委托布图设计：专有权的归属由委托人和受托人双方约定；未作约定或者约定不明的，其专有权由受托人享有。

项目	注释
登记申请	(1)国务院知识产权行政部门负责布图设计登记工作,受理布图设计登记申请。 (2)申请应提交的材料:①布图设计登记申请表一式两份;②一份布图设计的复制件或者图样;③布图设计在申请日以前已投入商业利用的,还应当提交 4 件含有该布图设计的集成电路样品;④国家知识产权局规定的其他材料。 (3)布图设计专有权申请文件应当采用中文撰写。
申请时间的要求	(1)布图设计创作完成之后,就可以向国家知识产权局提出登记申请。 (2)布图设计自其在世界任何地方首次商业利用之日起 2 年内,未向国务院知识产权行政部门提出登记申请的,国务院知识产权行政部门不再予以登记。
实质性授权条件	(1)非常规设计,是指创作的布图设计在布图设计创作者和集成电路制造中不是公认的常规设计。

项目	注释
实质性授权条件	(2)独创性,该布图设计是创作者自己的智力劳动成果,并且比常规设计有一定的进步差异;受保护的由常规设计组成的布图设计,其组合作为整体也应当具有独创性。
审查程序	(1)布图设计登记申请经初步审查,未发现驳回理由的,由国务院知识产权行政部门予以登记,颁发登记证书,并予以公告。 (2)布图设计登记申请人对国务院知识产权行政部门驳回其登记申请的决定不服的,可以自收到通知之日起3个月内,向国务院知识产权行政部门请求复审。 (3)布图设计登记申请人对国务院知识产权行政部门的复审决定仍不服的,可以自收到通知之日起3个月内向法院起诉。
专有权的内容	(1)布图设计权利人享有对受保护的布图设计的全部或者其中任何具有独创性的部分进行复制的专有权利。 (2)布图设计权利人享有将受保护的布图设计、含有该布图设计的集成电路或者含有该集成电路的物品投入商业利用的专有权利。

第十章

项目	注释
布图设计的撤销	(1)布图设计获准登记后,国务院知识产权行政部门发现该登记不符合本条例规定的,应当予以撤销,通知布图设计权利人,并予以公告。 (2)布图设计权利人对国务院知识产权行政部门撤销布图设计登记的决定不服的,可以自收到通知之日起3个月内向法院起诉。

>> **核心考点 77:布图设计专用权的保护**(考查频度:★★★★)

项目	注释
专有权的保护期限	布图设计专有权的保护期为10年,自布图设计登记申请之日或者在世界任何地方首次投入商业利用之日起计算,以较前日期为准,但是无论是否登记或者投入商业利用,布图设计自创作完成之日起15年后,不再受本条例保护。

第十章

项目	注释
权利的限制	（1）合理使用：①为个人目的或者单纯为评价、分析、研究、教学等目的而复制受保护的布图设计的，可以不经布图设计权利人许可，不向其支付报酬。②在依据前项评价、分析受保护的布图设计的基础上，创作出具有独创性的布图设计的，可以不经布图设计权利人许可，不向其支付报酬。③对自己独立创作的与他人相同的布图设计进行复制或者将其投入商业利用的，可以不经布图设计权利人许可，不向其支付报酬。 （2）权利用尽：受保护的布图设计、含有该布图设计的集成电路或者含有该集成电路的物品，由布图设计权利人或者经其许可投放市场后，他人再次商业利用的，可以不经布图设计权利人许可，并不向其支付报酬。 （3）不视为侵权：①在获得含有受保护的布图设计的集成电路或者含有该集成电路的物品时，不知道也没有合理理由应当知道其中含有非法复制的布图设计，而将其投入商业利用的，不视为侵权。②不视为侵权行为人得到其中含有非法复制的布图设计的明确通知后，

项目	注释
权利的限制	可以继续将现有的存货或者此前的订货投入商业利用,但应当向布图设计权利人支付合理的报酬。
侵权行为	(1)未经布图设计权利人许可,复制受保护的布图设计的全部或者其中任何具有独创性的部分的。 (2)未经布图设计权利人许可,为商业目的进口、销售或者以其他方式提供受保护的布图设计、含有该布图设计的集成电路或含有该集成电路的物品的。
侵权责任	(1)行为人必须立即停止侵权行为,并承担赔偿责任。 (2)侵犯布图设计专有权的赔偿数额,为侵权人所获得的利益或者被侵权人所受到的损失,包括被侵权人为制止侵权行为所支付的合理开支。

第十章

第十一章 《保护工业产权巴黎公约》

>> **核心考点 78**:巴黎公约基本知识 (考查频度:★★)

项目	注释
工业产权范围	《巴黎公约》中的工业产权包括:专利、实用新型、工业品外观设计、商标、服务标记、厂商名称、货源标记或原产地名称和制止不正当竞争。
国民待遇原则	(1)本联盟以外各国的国民,在本联盟国家之一的领土内设有住所或者有真实和有效的工商业营业所的,应当享有与本联盟国家国民同样的待遇。 (2)本联盟每一国家法律中关于司法和行政程序、管辖权、以及指定送达地址或委派代理人的规定,工业产权法中可能有要求的,均明确地予以保留。
优先权	(1)享受优先权的条件:①有资格享有优先权的人与享有国民待遇的主体是一致的。②公约要求在先申请必须是一种专利、实用新型注册、工业品外观设计或者商标注册。

项目	注释
优先权	(2)优先权的期限：①对于发明专利和实用新型，优先权的期限为12个月；对于外观设计和商标，优先权的期限为6个月。②这些期间应当自第一次申请的申请日开始；申请日不应包括在期间以内。 (3)前后专利类型：①外观设计专利申请要求享有在先的实用新型优先权的，优先权期限以6个月计算。②实用新型专利申请可以以发明专利作为优先权基础，反之亦然。
展会临时保护	本联盟各国应当按照其本国法律，对在本联盟任何国家领土内举办的官方的或经官方承认的国际展览会中展出的商品中，可以取得专利的发明、实用新型、工业品外观设计和商标，给予临时保护。

>> **核心考点 79：巴黎公约的内容**（考查频度：★★★★★）

项目	注释
专利	(1)审查独立性：①在不同国家就同一发明取得的专利具有独立性。②一个成员国就该发明授予了专利权，其他成员国没有义务对

项目	注释
专利	同一发明授予专利权。③如果一个成员国宣告专利权无效或者专利权的效力在该国终止,其他成员国不能因此宣告本国就同一发明取得的专利权无效或者终止该专利权在本国的效力。 (2)专利保护期限:在本联盟各国,因享有优先权利益而获得专利的期间,与没有优先权的利益而申请或授予的专利的期间相同。 (3)保护主题:不应当以专利产品的销售或者依专利方法获得的产品的销售受到本国法律的限制或限定为理由,而拒绝授予专利或者宣告专利无效。 (4)标注权利:不应要求在商品上标示或载明专利、实用新型、商标注册或工业品外观设计保存,作为承认取得保护权利的条件。 (5)强制许可:①强制许可适用于发明专利、实用新型专利。②本联盟的每一国家有权采取立法措施规定授予强制许可,以防止由于专利赋予的排他权而可能产生的滥用,例如,不实施。③自授予第一个强制许可之日起两年届满以前,不得提起使专利丧失或者撤销专利的诉讼。④自提交专利申请之日起 4 年期间届满以前,或者自授

项目	注释
专利	予专利之日起 3 年期间届满以前,以届满在后的期间为准,不得以专利不实施或者不充分实施为理由申请强制许可;如果专利权人证明其不作为有正当理由,强制许可的申请应当予以拒绝。⑤强制许可不应当是排他性的,而且除与利用该许可的企业部分或商誉一起转移外,不应当是可转移的,甚至以授予分许可的形式也在内。
商标	(1)商标注册:在任何国家,注册商标的使用是强制的,只有经过适当的期间,而且只有有关人员并未证明其不使用有正当理由,才可以取消注册。 (2)驰名商标:①本联盟各国承诺,如果申请注册的商标构成对另一商标的复制、仿制或者翻译,容易产生混淆,而注册国或使用国主管机关认为该另一商标在该国已经驰名,是有权享受本公约利益的人的商标,并且用于相同或类似的商品,该国将依职权(如果本国法律允许),或者应有关当事人的请求,拒绝或取消注册,并禁止使用。②在商标的主要部分构成对上述驰名商标的复制或者仿制,容易与

项目	注释
商标	该商标产生混淆时,上述规定也应适用。③允许提出取消这种商标注册请求的期间,自注册之日起至少为 5 年;本联盟各国可以规定一个期间,禁止使用这种商标的请求必须在该期间内提出。④对于依恶意取得注册或者使用的商标提出取消注册或禁止使用的请求,不应规定时间限制。 (3)集体商标:①如果社团的存在不违反其原属国的法律,即使该社团并没有工商业营业所,本联盟各国也承诺受理其申请,并保护属于该社团的集体商标。②每一国家应当自行审定关于保护集体商标的特别条件,如果商标违反公共利益,可以拒绝给予保护。③如果社团的存在不违反原属国的法律,不应当以该社团在其请求保护的国家没有设立营业所,或者不是根据该国的法律所组成为理由,拒绝对该社团的这些商标给予保护。

第十二章 《与贸易有关的知识产权协定》（TRIPs）

>> 核心考点 80：TRIPs 协定的基本知识 （考查频度：★★★）

项目	注释
知识产权范围	TRIPs 中规定的知识产权包括：版权及有关权利、商标、地理标记、工业品外观设计、专利、集成电路布图设计（拓扑图）、对未披露信息的保护。
基本原则	（1）国民待遇原则：①每一成员给予其他成员国民的待遇不得低于给予本国国民的待遇。②就表演者、录音制品制作者和广播组织而言,此义务仅适用于本协定规定的权利。 （2）最惠国待遇原则：对于知识产权保护,一成员对任何其他国家国民给予的任何利益、优惠、特权或豁免,应立即无条件地给予所有其他成员的国民。 （3）公共利益原则：①在制定或修改其法律和法规时,各成员可采用对保护公共健康和营养,促进对其社会经济和技术发展至关重要

项目	注释
基本原则	部门的公共利益所必需的措施,只要此类措施与本协定的规定相一致。②只要与本协定的规定相一致,可能需要采取适当措施以防止知识产权权利持有人滥用知识产权或采取不合理的限制贸易或对国际技术转让造成不利影响的做法。
不得限制竞争	本协定的任何规定均不得阻止各成员在其立法中明确规定在特定情况下可构成对知识产权的滥用并对相关市场中的竞争产生不利影响的许可活动或条件。滥用行为包括:①排他性的返授条件;②制止对知识产权有效性提出质疑的条件;③强迫性的一揽子授予许可。
侵权赔偿	(1)对于故意或有充分理由应知道自己从事侵权活动的侵权人,司法机关有权责令侵权人向权利持有人支付足以补偿其因知识产权侵权所受损害的赔偿。 (2)司法部门应有权责令侵权者向权利所有者支付费用,其中可以包括适当的律师费。

项目	注释
侵权赔偿	(3)在适当的情况下,即使侵权者不知道或者没有正当的理由应该知道他从事了侵权活动,缔约方也可以授权司法部门,责令返还其所得利润或/和支付预先确定的损害赔偿费。
刑事程序	(1)要求各成员至少应当对故意的具有商业规模的假冒商标或者盗版案件规定刑事程序和刑罚。 (2)可以采用的救济应当包括足以起威慑作用的监禁、单处或者并处罚金。 (3)在适当情形下,可以采用的救济还应当包括扣押、没收和销毁侵权货物以及主要用于犯罪的任何材料和工具。
豁免	对于旅客和个人行李中所携带的或在小型交运件中发送的少量非商业性质的商品,缔约方可以不适用上述规定。

项目	注释
版权和邻接权	（1）版权保护的范围：协定所指的版权的保护应当及于表达，而不及于思想、工艺、操作方法或者数学概念本身。 （2）计算机程序和数据汇编：①以源程序或目标程序编写的计算机程序均应作为伯尔尼公约意义下的文学作品予以保护。②数据或其他内容的汇编，无论是采用机器可读方式或其他方式，只要是其内容的选取或编排构成了智力创造，就应对其本身提供保护。 （3）保护期：①除摄影作品或实用艺术作品之外，当每件作品的保护期不是按照自然人的寿命来计算时，其保护期不得短于自授权发表之年的年底起的 50 年。②如果没有在自完成作品之时起的 50 年之内授权发表，那么保护期为自作品完成之年的年底起的 50 年。 （4）邻接权包括表演者权利、录音制品创作者的权利、广播组织者的权利。表演者和录音制品制作者所提供的保护期限应至少自进行录制或者进行表演的那一年年底起，到第 50 年的年底；广播组织者对其播放的作品的保护期限为自进行播放之年的年底起的 20 年。

项目	注释
商标	（1）可保护的客体：①任何能够将一个企业的商品或服务区别于另一个企业的商品或服务的符号或符号组合都能够构成商标。②这样的符号，特别是字符，包括个人姓名、字母、数字、图形要素和颜色组合以及任何这些符号的组合都应能够注册为商标。 （2）保护期限：①原始注册商标和每一次续展注册商标的保护期限不得短于 7 年。②一个商标的续展注册次数不受限制。 （3）使用的要求：①如维持注册需要使用商标，则只有在至少连续 3 年不使用后方可撤销注册，除非商标所有权人根据对商标使用存在的障碍说明正当理由。②在受所有权人控制的前提下，另一人使用一商标应被视为为维持注册而使用该商标。 （4）驰名商标的保护：本联盟各国承诺，如果申请注册的商标构成对另一商标的复制、仿制或者翻译，容易产生混淆，而注册国或使用国主管机关认为该另一商标在该国已经驰名，是有权享受本公约利益的人的商标，并且用于相同或类似的商品，该国将依职权（如果本国法律允许），或者应有关当事人的请求，予以拒绝或取消注册，并禁止使用。

项目	注释
商标	(5)许可和转让:①缔约方可以确定商标许可和转让的条件。②对商标的强制许可是不允许的,而且注册商标的所有者有权转让其已注册的商标,而无需在转让时将商标所属企业一同转让。
地理标记	(1)含义:地理标记是指示出一种商品是在一缔约国的领土内或者在上述领土的一个地区或地点所生产的原产产品的标记,而该产品的某种质量、声誉或者其他特性在本质上取决于其产地。 (2)对葡萄酒和烈酒地理标志的补充保护:①每一成员应当为有利害关系的各方提供法律手段,用于制止将识别葡萄酒或烈酒的地理标志用于标示不是来源于该地理标志所指明的地方的葡萄酒或烈酒,即便同时标示了商品的真实来源地,或者使用的是该地理标志的翻译文字,或者伴有"类""式""仿"或类似的表述也是不允许的。②如果葡萄酒或者烈酒商标中包含或组合有识别葡萄酒或者烈酒的地理标志,而该葡萄酒或烈酒并非来源于该地,只要法律允许,成员应当依职权,或者依利害关系方的请求,拒绝该商标的注册或者撤销该注册商标。

项目	注释
工业品 外观设计	（1）权利人的权利：享有的受保护的工业品外观设计的所有人有权制止第三方未经所有人同意而为商业目的制造、销售或者进口载有或体现受保护的外观设计的复制品或实质上是复制品的物品。 （2）保护期限：工业品外观设计保护期间至少为 10 年。
专利	（1）可获得专利的客体：①专利应适用于所有技术领域中的任何发明，不论它是产品还是方法，只要它具有新颖性、创造性和工业实用性即可。②专利的获得与专利权的行使不得因发明的地点、技术的领域，以及产品是进口的还是本地制造的而受到歧视。③如果为了保护公众利益或社会公德，包括保护人类、动物或植物的寿命及建康，或者为避免对环境的严重污染，有必要在一缔约方的领土上禁止一个发明的商业性实施，该缔约方可以排除该发明的可专利性，其条件是这样的排除不是仅仅因为该发明的实施为其国内法律所禁止。④缔约方应以专利方式或一种有效的特殊体系或两者的结合对植物新品种给予保护。⑤不予专利保护的客体：人类或动物的疾病诊断、

项目	注释
专利	治疗和外科手术方法;除微生物之外植物和动物,以及本质上为生产植物和动物的除非生物方法和微生物方法之外的生物方法。 (2)权利人的权利:①对产品专利,专利权人有权禁止第三方在未经其同意的情况下从事下列行为:制造、使用、为销售而提供、出售,或为上述目的进口该产品。②对方法专利,专利权人有权禁止第三方在未经其同意的情况下使用该方法,以及使用、为销售而提供、出售或为这些目的而进口至少是由该方法所直接获得的产品。 (3)专利权的无效或失效:对任何宣告一项专利无效或失效的决定都应提供接受司法复审的机会。 (4)专利的保护期限:自提交专利申请之日起计算 20 年期间届满以前专利权不应终止。